中国粮食质量安全研究

朱湖英　著

中南大学出版社
www.csupress.com.cn
·长 沙·

目 录

第一章　导论

▼

作为世界上人口最多的国家，中国的粮食安全显得尤为重要。粮食质量安全是数量安全基本实现之后对粮食安全更高的要求，是粮食安全由数量层次向质量层次的逻辑深化（王国敏和张宁，2015）。粮食质量安全研究是粮食安全研究的深化。粮食质量安全问题是粮食安全研究的前沿领域，也是近年来学术界关注的热点问题。保障粮食质量安全不仅是实现国家粮食安全的内在要求，而且是应对国际竞争以实现国家粮食安全战略、适应消费升级的必然选择，具有现实迫切性。

第一节　现阶段中国粮食安全面临的新挑战

一、我国粮食市场出现"高产、高库存和高进口"困境

现阶段，国内粮食生产连年增加的同时，我国粮食储备库存量也越来越高，进口也在猛增。2015—2016 年度，中国玉米、小麦和稻谷的期末库存分别为 9061 万吨、8957 万吨、4560 万吨，这三种主粮总库存约为 2.3 亿吨，高居世界之首。与上年度比较，除稻谷库存略有下降之外，小麦整体大幅增加，玉米自

2011—2012 市场年度以来库存逐年增加（胡军华，2015）。2016
年我国粮食产量为 61623.9 万吨，同时进口粮食 11468 万吨，进
口量占到了我国粮食产量的 18.6%。2016 年我国粮食出口量为
190 万吨，同 2015 年比增长了 16.3%，进口量约为出口量的 60
倍。其中，大豆的进口量最高，高达 8391 万吨，比 2015 年增加
了 222 万吨。经过调查，我们发现粮食出口价格明显高于进口价
格，玉米、稻谷、大豆的平均出口价格分别比平均进口价格高了
91.06%、110.59% 和 125.88%（刘月华，2016）。"高产、高库存
和高进口量"的粮食市场困境暴露了中国粮食市场供求不匹配，
粮食供给与粮食需求存在严重不适应的情况。例如，2013 年湖南
"镉大米事件"导致拥有 200 多家米厂的兰溪米市（湖南最大的米
市）成交额大幅下降，70% 以上的米厂闭门歇业，当地稻谷价格
明显下跌，农民表示来年弃种①。中国粮食质量问题致使中国粮
食企业和消费者对本国粮食质量信心不足，中国民众存在国外粮
食质量较优的消费意识，加之国外粮食价格低于国内，使我国对
外国粮食需求剧增。2013 年，我国进口大米 227.11 万吨，处于
历史高位，中国由原来的大米接近零进口转变为全球第二大大米
进口国。大米进口量剧增让国人担忧未来的国内粮食安全，同时
也对全球粮食市场的供应数量及价格都带来巨大压力。

二、我国主要粮食品种供需不匹配

从粮食总量来看，我国粮食供给过剩。剔除粮食的社会库存
量，2015 年我国粮食供应量为 7.4 亿吨（聂振邦，2016），而我国
2015 年的粮食需求量约为 6.4 亿吨（陈锡文，2016），所以我国粮
食供给剩余 1 亿吨。如果剔除进口量，我国 2015 年粮食缺口约

① 周勉，白田田．"毒大米"事件引发湖南米厂停工潮［N］．经济参考报，2013 -
03 -25（2）．

2000 万吨，但这一缺口很容易被已有粮食库存填满，某些品种的粮食库存量甚至远远超过这个缺口。据中华粮网测算，2015 年11 月份，中国临储玉米结余量已经高达 1.5 亿吨。

从粮食市场需求来看，我国的粮食品种需求结构已经悄然发生变化。由于居民膳食结构从以谷物类和蔬菜类消费为主转向消费更多的高蛋白食物，居民对油脂和肉蛋奶的消费在逐年增加，饲料用粮需求增加，口粮消费下降。随着我国工业的快速发展，工业用粮需求持续增加。国家统计局重庆调查总队课题组的调查数据显示，2012 年口粮消费量为 25389 万吨，较 2003 年仅增长6.9%，年均增长 0.7%；2012 年饲料用粮消费量达 14722 万吨，较 2003 年增长 23.1%，年均增长 2.3%；2012 年工业用粮消费量比 2003 年增长 123.8%，达 10130 万吨。玉米和小麦作为主要的工业和饲料用粮品种，消费增速远远快于以口粮为主消费的稻谷。2012 年，玉米消费量和小麦消费量分别为 20000 万吨和12417 万吨，稻谷消费量为 19961 万吨，小麦代替稻谷，一跃成为第一大消费粮食品种。稻谷消费量的增速变缓是因为稻谷作为饲料用粮的需求下降导致的，稻谷作为口粮和工业用粮消费量年均增长0.9%，而作为饲料用粮消费量却下降 18.3%。国家统计局重庆调查总队课题组对我国粮食需求预测结果显示，"十三五"时期我国粮食消费需求量将平稳增长，口粮消费基本保持稳定，饲料用粮和工业用粮持续增加。稻谷和小麦的需求保持稳定，玉米、大豆和杂粮的需求快速增长，饲料用粮将会继续成为我国粮食需求增长的主体，工业用粮的需求仍将迅速扩张。

然而，我国粮食供给品种调整极为缓慢，不能适应粮食市场品种需求的变化。2004 年，国家提出粮食最低收购价政策，并分别在 2005 年和 2006 年，先后对水稻和小麦实行最低收购价政策。至 2008 年，国家启动大豆、玉米、棉花、油菜籽等临时收储政策。2014 年，中央一号文件首次提出对棉花、大豆由收储转为目标价格补贴，启动东北和内蒙古大豆、新疆棉花目标价格补贴试点，但继续对水稻、小麦和玉米等品种进行收储。2015年，玉米收储价格首次降低。在政策信号引导下，农民倾向于种植受政策保护或政策能带来更大收益的粮食品种，粮食生产品种单一，粮食品质容易被忽略。不合理的粮食供给品种难以满足多元化的粮食市场需求（兰录平，2013）。

从我国主要的粮食品种供需情况来看，我国各品种数量出现"供过于求"的现象。根据姜长云（2016）的统计，近年来我国三大主粮稻谷、玉米和小麦均出现产大于需的现象。其中，稻谷和玉米产大于需的局势逐年扩大，阶段性过剩问题加重，小麦已由产不足需转为产需基本平衡甚至产略大于需。2014年，稻谷、小麦、玉米分别产大于需1523万吨、371万吨和3366.6万吨，共5260.6万吨，分别占其当年产量的7.4%、0.3%和15.6%。2015年粮食产量较上年增产2.4%，其中稻谷、小麦和玉米分别增产0.8%、3.2%和4.1%，但需求量均较上年减少，产大于需的局势继续扩大。然而，大豆却出现产不足需的现象。近年来我国大豆产量在波动中趋于下降，但需求量持续扩张，导致需求缺口加大。2011年大豆产不足需5338万吨，2014年扩大到7010万吨；由相当于当年大豆产量的3.69倍扩大到5.77倍。海关总署2015年1月数据显示，2014年中国大豆进口总量为7140万吨，同比增加12.7%，导致国内大豆供略大于需（聂振邦，2016）。

陈锡文在接受2016年两会记者采访时指出，粮食的品种结构在供需方面存在着明显的矛盾。丁俊声（2016）也指出，我国粮食领域存在着粮食品种产销结构、供需结构失衡问题。从现实情况来看，《全国种植业结构调整规划（2016—2020年）》指出，当前中国小麦、稻谷口粮品种供求平衡，玉米出现阶段性供大于求，大豆供求缺口逐年扩大。其他农产品进口剧增，国内生产量下降。我国的粮食供给品种不能适应需求的变化，造成粮食供给品种过剩，市场需求品种严重不足的供需脱节局面。这一局面进一步导致粮食质量问题扩大，造成巨大浪费。

三、粮食比较优势减弱

粮食数量增加的同时，其质量和品质却在下降。首先，从我国储备粮拍卖结果来看，储备粮拍卖成交率低，外界普遍怀疑质量太差，无法用作商业用途。根据国家粮食交易中心的 2016 年 1—11 月数据进行计算，我国 2010 年产的白小麦有 63862 吨出现真菌霉素超标，并且小麦的成交总量为 16040 吨，平均成交率约为 25.12%，全部流拍次数达 29 次，成交结果不理想。我国最低收购价早籼稻 2016 年 6 月 28 日到 11 月 29 日的竞价交易结果显示，早籼稻计划竞价的总量约为 557476 吨，平均成交价格约为 2657 元每吨，平均成交率为 0.97%。早籼稻成交量非常少，成交集中在江西，成交量为 36898 吨，其次是湖南，成交量为 5859 吨，湖北成交量为 1489 吨，浙江成交量为 900 吨。2016 年我国进口水稻均价折合人民币 2959 元每吨（陈锡文，2016），仅比我国储备早籼稻的成交均价高出 302 元每吨，价格过高是导致成交结果不理想的重要原因。成交不理想又导致储备粮长期积压，质量和品质进一步下降。

其次，由于质量问题的频发，我国粮食企业和消费者对国内商品粮的信心进一步下降。中国中央电视台（CCTV）播出了标题为《粮仓硕鼠》的暗访报导，讲述东北某国家粮仓官员以补贴价格购买陈米或劣质粮食，但文件记录显示他们是以国家制定的收购价格收购新米，卖出陈米。"以陈顶新""转圈粮"的现象加剧了我国存储粮的质量风险，引起外界对存储粮质量的担忧。有关粮食污染、以次充好的负面报道使消费者对我国粮食质量的信心大大下降，不少国人"用脚投票"的方式，通过对日本、泰国大米的青睐来防范国内粮食质量风险。人民网于 2015 年 2 月 25 日报道了中国游客在日本抢购大米的事件，有中国游客愿意花费 1500 日元购买 5 公斤的日本大米。从总量上来看，日本大米进口量并不大，2015 年我国日本大米进口量仅 160 吨，却是 2013 年日本大米进口量的两倍以上。2013 年 5 月中国广东省发生的"镉大米事件"，引起了民众的高度恐慌，不少消费者以购买泰国大米代替中国大米，来消除大米质量风险。

我国的主要粮食品种的比较优势正在逐渐减弱。林大燕和朱晶（2016）研究结果表明：我国稻谷比较优势逐年下降，玉米和大豆的比较劣势进一步凸显，小麦比较劣势明显但有所改善。中国主要粮食品种的成本价格在国际上没有竞争力（陈锡文，2016）。中国 2011 年前有些粮食品种还可以出口，但是从 2011 年以后全部粮食品种都陷入了进口的局面。比较优势减弱的主要原因是我国粮食生产成本的进一步提高，比较优势的减弱使我国粮食出口受阻严重，在进口大增的情况下，以及粮食政策不调整的前提下，会进一步增加我国粮食库存量，而更大的粮食库存会导致更为严重的质量问题。

五、我国现阶段的粮食质量问题依然严峻

多年来，在较好地实现粮食数量安全的同时，我国政府也非常重视粮食质量的安全。自 2004 年起，我国政府每年的中央一号文件都包含了保障粮食质量安全的相关内容，从 2004 年的"全面提高农产品质量安全水平"到 2016 年的"实施食品安全战略"。2016 年，我国政府先后制定并颁布《中华人民共和国农产品质量安全法》《中华人民共和国食品安全法》等法律法规，以确保粮食质量安全。2014 年颁布的《中国食物与营养发展纲要（2014—2020）》首次体现了粮食质量安全的目标和任务，对粮食质量安全的政府责任也进行了相关规定。然而，从现实情况来看，粮食的质量安全问题却依然严峻。例如,农村地区工业产生的重金属等化学物质对土壤、水资源的污染,导致附近农田生产了有毒粮食;粮食销售过程中的掺假事件;粮食过度加工带来的营养缺失等。随着"镉大米事件"、五常大米掺假等食品安全事件的频繁曝光,以及由饮食引起的各类癌症发病率的上升,民众对粮食质量问题产生了极大的焦虑,对政府在质量认证、监管等方面产生了极大的不信任,民众迫切希望政府采取强有力的措施来改善我国粮食质量安全现状。

从现实情况来看,粮食质量问题不仅仅是诚信问题,更是制度和市场秩序问题。改革开放以来,工业化和城镇化的发展对耕地造成很大污染,从而带来了粮食生产质量问题。根据《全国土壤污染状况调查公报》的数据显示,2013 年我国耕地总污染量为2328 万公顷,中重度污染耕地约为 348 万公顷。耕地污染主要来自重金属污染,2013 年我国受重金属污染的耕地达 2000 万公顷,约占耕地总面积的 1/5,导致"大米镉超标事件"发生。耕地受重金属污染的来源分为受矿区污染、石油污染、固体废弃物堆放污染、"工业三废"污染和污水灌溉污染,受到这些污染的耕地面积分别为 200 万公顷、500 万公顷、5 万公顷、1000 万公顷和 330 多万公顷(吴婷,2014)。除了耕地污染,农药、化肥和各种添加剂的滥用也造成了严重的粮食生产质量问题。多年来,我国执行粮食生产刺激政策,许多农民则采用施化肥、打农药等单纯追求粮食产量增长的生产方式,导致粮食生产消耗过度,污染加重,粮食生产质量问题频发。流通方面,我国粮食收购政策引起的国内粮食价格高于市场价格问题,使粮库库存压力巨大,收购过程和仓储过程的粮食质量问题层出不穷,形成了巨大的粮食浪费。2013 年,时任国家粮食和物资储备局局长任正晓对外公布,我国粮食在储藏、运输、加工等环节损失浪费总量达 350 亿公斤以上。其中,绝大部分的损失浪费是虫咬鼠害、霉变等导致的质量不佳。在粮食加工业方面，托市收购导致的"稻强米弱[①]""麦强面弱"现象，使我国粮食加工业举步维艰，为了降低成本，不少加工企业通过掺假、以次充好等方式加工粮食并对外销售，由此埋下粮食质量安全隐患。例如将进口低质大米与国产大米掺兑后销售，或者直接从越南等地采购低质大米进行销售。

第二节　提高粮食质量安全水平的重要意义

一、应对新挑战的重要举措

2015 年 12 月 24 日至 25 日在北京召开的中央农村工作会议上，以上这些粮食安全的新挑战成为会议的核心议题。这次会议以深入推进农业供给侧结构性改革为主题，从宏观层面针对粮食市场挑战提出了整体思路。从现实出发，要解决粮食市场困境，可以从两个方面入手，一是降低粮食价格或调整粮食品种结构，二是提高粮食质量安全水平。目前，从我国特有的国情来看，实行大规模的粮食生产，将粮食生产成本降低到发达国家之下的可能性微乎其微。而应市场所需，调整粮食品种结构，才是解决当前粮食困境的良策。粮食品种结构的调整包括不同粮食品种结构的调整和同一种粮食品质结构的调整。我国不同粮食品种结构失衡主要是各种粮食供给刺激政策推动的结果，可以通过调整政策，促进粮食市场化改革的方式得到纠正；粮食品质结构的失衡不仅仅是各种粮食政策造成的，也是粮食市场的特点及发展水平的制约造成的。目前，我国粮食消费快速向品质消费升级，国人不再满足于低层次需求，而是向营养、健康、新潮等高层次需求

---

①　"稻强米弱"是指大米价格与稻谷价格出现了倒挂的市场现象，表现为市场上大米价格低迷不振，而稻谷价格相对坚挺。

进阶。在这一需求推动下，仅仅调整不同粮食品种结构已难以满足消费者的需求，还需要大幅度提高粮食质量安全水平和品质。因此，一方面提高粮食质量安全水平不仅是当前消费者的迫切要求，也是实现农业可持续发展的要求，关乎当代和后代的粮食安全。另一方面，由于降低粮食价格存在的巨大瓶颈，我国粮食要同国外粮食进行竞争，非价格竞争才是我国粮食市场未来的出路。提供质优的产品是我国进行非价格竞争的重要手段，而提供质优粮食的基础是提高粮食质量安全水平。

二、农业供给侧结构性改革的重要内容

为了解决现阶段中国农产品供需的结构性矛盾，中央提出深入推进农业供给侧结构性改革。农业供给侧结构性改革是从供给侧的角度出发，提高农业供给体系的质量和效率，使农产品的供给数量、品种和质量满足消费者需要。粮食作为一项重要的农产品，粮食供给侧结构性改革是中国农业供给侧结构性改革的一项重要内容。目前，随着我国消费者收入的增长，粮食消费正在进行转型升级，消费者对于粮食质量和品质提出了更高的要求。与此同时，我国现阶段生产的粮食质量并不能满足粮食消费升级的需要。虽然我国政府重视粮食质量安全，但我国现阶段的粮食质量问题依然严峻。因此，提高粮食质量安全水平是农业供给侧结构性改革的核心内容之一。

农业供给侧结构性改革是从供给侧角度提高农产品供给质量和效率，以促进农产品供给适应消费者需求。目前，我国的农业供给质量不高不仅表现在农产品质量安全没能满足消费者生活质量提高和健康生活的需要上，还表现在农业投入不合理和农业资源消耗过度等方面。中国社会科学院农村发展研究所研究员李国祥（2017）指出，农业供给质量很大程度上由市场决定，政府在此方面要做的事情是深化改革，推动农业发展由长期形成的过度依赖资源消耗以满足量的需求，向追求绿色生态可持续、更加注重满足质的需求转变，建立优质优价机制以提高农业供给质量，完善粮食收储等相关政策，培育新动能，以解决我国农业供给质量不高的问题。因此，农业供给侧结构性改革的内容包括调整粮食品种结构和缩小国内外粮食价格差。

调整粮食品种结构分为不同粮食品种的供给结构调整和同一粮食品种的质量结构调整。不同粮食品种结构的调整受到政策和市场的双重影响，在我国粮食市场化改革的推进下，不同粮食品种结构逐渐走向合理化将成为一种趋势。而同一粮食品种的质量结构调整不仅是我国粮食消费升级的需要，也是我国实现农业现代化和农业可持续发展，提高本国粮食竞争力的重要途径。同一粮食品种的质量结构调整的目标是提高同一粮食品种的质量水平。从粮食质量安全的概念来看，粮食质量安全包括粮食对人类及环境无危险和营养安全两个层次。在我国食品安全频发的现实情况下，提高粮食质量水平是提高粮食质量安全水平的代名词。

缩小国内外粮食价格差，可以通过降低我国粮食生产成本或提高我国粮食品质等方式得以解决。粮食价格受到粮食生产成本和粮食品质的双重影响。目前，我国粮食生产进入高成本时代，生产成本逐年刚性增长（程国强，2014）。粗放式的粮食生产方式，造成了我国耕地地力过度消耗和生态环境破坏，粮食生产的物质成本和劳动力成本攀升，以及粮食每亩投入量的增加快于同期每亩产出量的增加等问题。短期内，我国粮食生产成本上升的趋势难以扭转。改善粮食品质和质量才是提高我国粮食竞争力的首选之举。而改善粮食品质和质量要以保障粮食质量安全为前提。

由此可见，无论是同一粮食品种的质量结构调整，还是缩小国内外粮食价格差，最终都需要通过提高粮食质量安全水平来实现。因此，保障粮食质量安全是农业供给侧结构性改革的一项重要内容，是实现我国粮食供给可持续发展的重要手段。为了加快农业供给侧结构性改革进程，国家粮食和物资储备局公布的《关于加快推进粮食行业供给侧结构性改革的指导意见》将完善粮食质量安全保障机制作为粮食行业供给侧结构性改革的重点任务之一。

第三节　粮食质量安全的研究内容与方法

一、研究内容

从粮食市场的现实背景和供给侧结构性改革背景出发，指出我国粮食质量安全研究具有重要的现实意义和理论意义。本书遵循"问题提出—文献归纳—现实分析—机理分析—调控建议"的基本思路，对我国粮食质量安全进行研究。首先，对现有的相关文献、粮食质量安全概念进行梳理，这是本书展开研究的基础。其次，对我国粮食质量安全的现状及问题进行阐述，全面了解粮食生产、流通和消费等环节的粮食质量安全。再次，为了了解我国消费者对粮食质量安全的评价，采用深入访谈调查方法对我国消费者的粮食消费行为及其对粮食质量安全的感知和评价进行实证分析。接下来，根据粮食质量安全的现实情况和消费者对粮食质量的要求，对粮食质量问题产生的现实原因和机理进行剖析。我国粮食质量问题的形成，是我国推行工业化和城镇化、开展绿色革命、实行土地制度和财政分权制度以及消费者和供给者的不成熟等因素共同作用的结果。为了深入了解粮食质量问题的形成机理，本书从市场失灵和政府规制失灵两个角度对粮食质量问题的形成过程进行了分析。最后，根据我国粮食质量安全的形成机理分析，设计我国粮食质量安全调控框架，明确政府调控边界，设计责任体系，建立粮食生产者、政府和社会团体等多主体相互制衡的机制。在粮食质量安全调控框架的指导下，提出确保我国粮食质量安全的相关对策。政府作为当前粮食质量安全的主要保障主体，完善粮食质量安全的政府责任直接决定了其他责任主体的责任执行和效果。因此，对策部分首先分析了政府责任体系的建设，然后对粮食质量安全的政策、法律和制度调控体系进行了优化。主要章节内容如下。

第一章：导论。这一章首先具体阐述了粮食质量安全的研究背景与意义。接着，本章简单描述了本书的主要研究内容和研究方法。

第二章：国内外研究综述。这一章对粮食质量安全的内涵、我国粮食质量安全现状及问题、粮食质量问题成因、政策建议四个方面的文献进行了系统的梳理和总结。

第三章：粮食质量安全的内涵与外延。这一章详细分析了"粮食""质量""安全"的内涵，并在此基础上，确定了粮食质量安全的内涵，并依据粮食安全的内在要求和粮食质量安全的内涵对粮食质量安全的外延进行了剖析。

第四章：中国粮食质量安全现状及问题。这一章主要包括三个部分的内容：一是从粮食生产方式、政府监管等方面描述粮食生产质量安全现状及问题；二是从粮食加工、运输和存储三个方面对粮食流通质量安全的现状及问题进行剖析；三是从政府监管、商家行为和消费者行为等方面分析粮食消费环节的质量安全现状及问题。

第五章：消费者的粮食消费特征及对粮食质量安全的评价。本章首先对我国消费者的粮食消费行为进行了分析，了解其消费特征。然后分析了消费者对粮食质量安全的感知与评价，并且剖析了评价背后的形成原因。具体而言，种植环境的恶化、来自社会媒体的错误报道、消费者的知识匮乏、对食品质量监管现状的失望、对食品安全事件的关注度等成为影响消费者对粮食质量安全评价的主要因素。

第六章：中国粮食质量安全问题的形成机理分析。本章旨在对我国粮食质量问题的形成机理进行剖析，考察了粮食质量问题产生的社会背景，并从市场失灵和政府规制失灵两个角度对粮食质量问题的形成过程进行了理论分析。

第七章：确保粮食质量安全的调控框架设计。在进行了粮食质量安全的现状与问题、消费者评价及形成机理分析之后，这一章主要是对我国粮食质量安全的总体调控框架进行设计。本章首先确定了政府的调控边界，以此建立责任体系。在此基础上，设计保障粮食质量安全的制度，然后对调控要素进行分析。

第八章：确保粮食质量安全的对策建议。这一章在粮食质量安全调控框架设计的指导下，提出了确保粮食质量安全的对策建议。本章首先分析了粮食质量安全的政府责任体系，接着设计了粮食质量安全综合评价模型并对我国粮食质量安全进行综合评价，最后从我国粮食质量安全的政策调控、法律调控和制度调控体系建设三个方面提出了相关建议。

二、研究方法

（一）系统研究法

保障粮食质量安全是一个系统工程，涉及粮食供给链的各个环节，也牵涉到消费者、政府、粮食企业等主体行为。在对中国粮食生产、流通和消费环节的质量现状及问题进行系统分析后，本书还实地考察了消费者对粮食质量安全的感知与评价，以求全方位地了解我国粮食质量安全的现实情况和效果。另外，在分析粮食质量问题的形成原因时，还对现实社会背景进行了归纳和总结，并从市场失灵和政府规制失灵两个方面对形成机理进行了理论分析，以了解粮食质量安全与政策、制度、各主体行为之间的相互关系。

(二)深入访谈调查法

在搜集我国粮食质量安全的相关数据时，本书不仅采用了官方的统计数据，也借鉴了其他学者的一些数据，并且还采用深入访谈法获得了消费者的粮食质量安全感知和评价的第一手资料。相比其他的调查方法，深入访谈法能更深层次地探索被访者的内心思想与看法，也能获得更加真实的评价。深入访谈调查结果和第二手资料相结合，可以对粮食质量安全现状进行更加全面的评价，为之后的对策分析提供充实的论据。

(三)实证分析和理论分析相结合的方法

要对我国粮食质量安全进行全面研究，首先要了解我国粮食质量安全的现状及问题，这必然要引入实证分析。为了了解我国粮食质量问题的形成过程，需要对粮食质量问题的形成机理进行理论分析。采用这样的分析方法，避免了主观评价存在的随意性。实证分析和理论分析相结合，不仅让粮食质量安全研究能服务于现实的需要，也具有一定的理论参考价值。这两种分析的结合为设计粮食质量安全综合评价体系和粮食质量安全的调控框架提供了充分的依据，也为提出改善我国粮食质量安全的相关对策提供了更为科学、准确的参考。

第二章　国内外研究综述

　　粮食质量安全是粮食安全研究领域的前沿问题，学界对于粮食质量安全的认知存在很大分歧。因此，本章对粮食质量安全的相关研究进行了全面的梳理。

第一节　粮食质量安全概念的相关研究

一、直接引用食品、农产品质量安全的概念

　　由于粮食是最基本的食品，粮食质量安全是食品安全内涵的一部分。基于这个角度，潘珍（2006）采用食品安全概念来阐述粮食质量安全概念，认为粮食质量安全是指一个单位范畴（国家、地区或家庭）从生产或提供的食品中获得营养充足、卫生安全的食物消费以满足其正常生理和心理需要。欧阳建勋（2007）借鉴《中华人民共和国农产品质量安全法》定义的农产品质量安全概念，提出粮食质量安全意味着在供应链环节损害粮食质量的各种有毒、有害物质能得到有效控制，产品达到安全标准要求，对消费者本人、后代和环境不会产生危害和损失。马莺和崔杰（2010）认为粮食质量安全是指一个单位范畴（国家、地区、企业或家庭）

从生产或提供的粮食制品中获得营养充足、卫生安全的食物以满足其正常生理和心理需要。丁声俊（2014）也从相似的角度定义粮食质量安全，认为粮食质量安全包括在生产、加工、存储、运输和消费过程中形成和保存的营养成分、外在特征以及存在的危害。雷银生（2015）认为粮食的供应链环节要保证符合产品质量安全标准，控制有毒有害物质的产生，不破坏粮食品质、环境和人的身体健康，才能真正达到粮食质量安全。李腾飞和亢霞（2016）则指出符合生产标准、品质良好、营养结构合理、卫生健康的粮食才能达到质量安全。

二、借鉴粮食安全概念

王国敏（2015）认为粮食质量安全是指人们可以从市场上获得的粮食营养丰富且卫生安全，足以满足身体所需。相比粮食数量安全则强调解决饥饿问题，粮食质量安全则强调解决粮食对人体无毒无害问题。要真正实现粮食安全，不仅要解决饥饿问题，还需要解决粮食质量安全问题。曾晓昀（2016）也认为粮食质量安全是粮食安全的高层次要求。他指出，《中华人民共和国国家安全法》的第二章将粮食安全概括为粮食供给和质量安全。粮食供给是粮食安全的基础，是解决饥饿的问题；粮食价格稳定是保障人们能买得起粮食；粮食质量安全是保障粮食对人体无毒无害，并能够满足人体健康所需的营养，是更高层次的粮食安全要求。并且，他还对粮食质量安全的特点和种类进行了深入分析，他认为粮食质量安全是多维发展的。

第二节　粮食质量安全现状的相关研究

多年来，我国有效地保障了粮食供给，在消除饥饿方面取得了举世瞩目的巨大进展。然而，粗放式的粮食生产方式和粮食质量监管的缺失等引起了严重的质量问题。近年来，粮食质量问题同样受到国外学界关注。世界粮农组织更加关注微观层面的粮食安全，特别是消费个体的食物安全和营养健康安全。联合国世界粮食计划署(WFP)的斯坦莱克·萨姆坎戈于2013年指出，作为"食品安全"的一部分，"营养"经常被忽略(肖欣，2013)。联合国粮农组织在《2013年世界粮食及农业状况》报告中指出，世界人口中约有12.5%即8.68亿人未达到温饱，但他们仅是受营养不良影响的数十亿人中的一小部分，要想减少营养不良的情况，必须从粮食的生产、加工及消费等环节加强营养安全。不少学者分别从生产、流通和消费领域对我国粮食质量问题进行了分析。

一、粮食的重金属和农药残留物超标问题

国务院发展研究中心调查数据显示，我国每年使用农药达到130万吨，其中近86.7万吨农药进入农产品、土壤和水体(常良和陈楣，2007)。罗赟等(2014)根据GB 2763—2012《食品安全国家标准食品中农药最大残留限量》的判定规则，对绵阳市2010—2012年蔬菜、水果、粮食中的农药残留量进行检测，结果发现合格率仅为70.81%。2014年，中国亩均化肥用量21.2公斤，是世界平均水平的4.1倍，化肥平均利用率在30%左右，比发达国家低20个百分点(韩肖，2014)。由于化肥和农药使用的高投入和低利用率，加剧了水资源的恶化，并导致富营养化，地下水硝酸盐过度，遭有机物和重金属污染(Zhang等，2015)。专家对湖南"镉大米事件"的分析结果显示，大米中超标的镉，主要是通过土壤重金属污染而产生的(李国庆，2013)。

二、粮食流通环节出现的质量问题

我国粮食存放和仓储容易出现霉变等质量问题。有媒体报道，2014年年初佳木斯桦南地区玉米霉变多发，市场生霉粒超标

玉米占 10% 以上，霉变 5% 以内的好粮难求（曹阳，2014）。为了降低成本，不少粮食加工企业运用掺假、非法添加增白剂等方式达到以次充好的目的。2010 年五常香米掺假事件被曝光，个别稻农将"杂牌米"掺进刚收割的"稻花香"稻谷中出售给买主，或个别粮食经纪人和代理收购企业在收购回的"稻花香"稻谷中掺进"杂牌米"提供给粮食加工企业（崔晓林，2010）。吴存荣（2014）对粮食收储及物流运输环节存在的质量安全问题进行了深入分析。

三、粮食消费环节存在的质量问题

消费者在粮食选购、储存和消费过程中存在不少误区，导致粮食质量问题发生。具体表现为：粮食选购过程过度追求"精白"粮食和对优质粮食的认识不够（叶创成，2014），对粮食保质期的意识淡薄（庄文伟，2014），因存储不当导致粮食霉变和虫害的发生，餐后对剩饭的处理不当。除此之外，更为突出的问题是农村消费者购买粮食时过分追求价格而忽视质量。《2007 年流通领域食品安全调查报告》显示，有 20.6% 的农村消费者将价格便宜作为购买食物的主要标准，忽视食品质量，而城市消费者的这一比例仅为 5.72%（王燕，2008）。李曼琳和郭红东（2007）通过实地调查发现，超过一半以上的消费者对大米的质量安全持否定或模糊态度。Andersen（2009）探讨发展中国家的水污染和卫生条件差等因素对食物营养安全的影响，建议要结合人体测量来评估家庭粮食安全，并在此基础上提出了政府制定保障粮食安全的政策。

第三节　粮食质量安全问题成因的相关研究

一、基于微观和宏观两个层面的粮食质量安全问题成因表述

一是微观层面的原因。有不少研究认为耕地和灌溉水污染、化肥和农药的过度使用和滥用、违法添加有害添加剂、掺假等是导致粮食质量问题的直接因素。Zhang 等(2015)指出化肥和农药的过度使用导致灌溉水污染严重，引起粮食质量问题。付恭华(2014)指出化肥、农药的大量使用更是导致了农业面源污染和生态破坏，从而引发了粮食质量问题。苏杨(2015)认为磷肥的长时间积累对土壤镉含量的增加影响很大，我国自 20 世纪 60 年代开始对磷肥长期的推广使用，导致了我国南方浅层土壤中镉含量的增加。目前，洞庭湖区浅层土壤的镉含量高出深层土壤 3 倍以上，引发洞庭湖区大米镉超标。Lam 等(2013)指出由于粮食掺假、粮食添加非法化学物质、土地污染、某些食品带来传播病等事件的发生，引发了粮食质量问题。二是宏观层面的原因。工业化和城镇化的快速发展，导致优质农田被占用，农田占补过程中出现以差补优的现象，同时严重的工业污染导致耕地大面积的污染，引起了粮食生产质量问题。特别是国家重点农业县为发展经济，强推工业化，侵占耕地，造成土地污染，导致粮食质量和产量下降甚至绝收(吴婷，2014)。也有学者认为腐败、地方主义和国家能力弱是造成粮食质量问题的主要原因(John Kojiro Yasuda，2015)。Yao 等(2010)认为经济发展是中国食品安全的最终决定因素，资金投入不足是导致食品质量问题的重要原因。

二、基于市场失灵理论和政府失灵理论的粮食质量问题成因分析

Akerlof(1970)对产品质量不确定性进行了理论分析,重点阐述了信息不对称对劣质产品驱逐优质产品的影响,并认为质量保证与品牌、知名供应链、产品生产许可等制度能有效减少产品质量不确定性。Saitone 和 Sexton（2010）强调农业的独特性显示农产品质量存在较大差异,农产品市场并不是完全竞争市场,容易出现市场失灵现象,并运用差异化农产品市场竞争模型分析,以解决农产品质量、标签和认证领域的问题。李酬(2013)认为信息不对称是导致食品质量安全问题的根本原因。陈新华(2014)等指出,在农产品质量问题的治理中,信息不对称是造成农产品市场失灵的根本原因。由于辨别农产品质量的信息缺乏,消费者为了减少自身损失,对高质量农产品不愿支付高价格,而是根据农产品平均质量水平,支付农产品平均价格,导致生产者不愿意生产高质量产品,出现劣等农产品驱逐优质农产品的现象,市场出现逆向选择。程虹和李丹丹(2009)指出,政府对于产品市场经营主体在产品质量安全方面的规制过度,导致市场经营主体在履行质量安全责任时缺乏激励,造成规制失灵。也有一些学者认为市场失灵和政府失灵共同导致粮食质量问题,而导致市场和政府失灵的根本性原因是农产品具有信任品属性。由于消费者无法直接获得农药残留、抗生素、微生物感染、添加剂等信息,粮食表现出了极强的信任品属性(王庆,2011；吴淼和吴薇,2012)。

第四节　粮食质量安全对策的相关研究

一、从法律、政策、质量监管和检测技术改进等方面进行的相关研究

王保民和张峣(2013)从法律的角度分析了我国粮食污染防治问题，建议我国未来的《粮食污染防治法》应包含粮食质量标准和评价制度、粮食污染监测制度、粮食污染信息公开和应急管理制度、粮食市场准入制度和受污染粮食的处理制度等内容。Yao等(2010)强调了资金支持对解决粮食质量问题的重要性，保障粮食质量安全要加大资金支持力度。Mao 等(2013)对"镉大米事件"中的重金属污染防治和控制措施进行了详细分析，提出了一些措施来改善粮食质量安全的预期控制系统。李国庆(2013)指出我国粮食质量安全的监管应立足于粮食安全法的"社会法"属性，厘清政府监管部门的角色定位，避免职能错位，建立起一套体制科学、责任严明、执法严格的监管体系。Wu 和 Chen(2013)指出目前中国在食品安全监管方面做出的努力要高于其他国家，但是最强的监管并不意味着政府可以实现正确目标，因为中国国家层面的监管行政机构多达 14 家，这种复杂性构成了部门间存在有效沟通问题，降低了监管效率。Alldrick(2010)认为，为了防范粮食生产、流通和消费过程中的质量风险，应该采用良好的生产实践和危害分析的临界控制点(HACCP)技术来建立质量保证制度。Wu 和 Sun(2013)指出，高光谱成像技术，作为一种非破坏性和快速的质量和安全性分析和评价方法，已经得到广泛认可，并被用于各种食品的质量检测。周玉庭等(2016)总结了国内外高光谱成像技术在粮食霉菌污染检测的应用，指出高光谱成像技术可以 100% 区分受污染小麦与未污染小麦，并能检测糙米受霉菌污染程度和大米霉菌生长情况等。

二、重视保障粮食生产质量安全方面的研究

朱晓峰(2002)指出我国 21 世纪的农业安全面临农业生态环境恶化、粮食基本生产要素供给短缺以及农业生产体系不适应农产品质量安全需求增长等问题,建议国家建立农业安全战略并采取有效行动进行解决。尚杰和刘宇会(2010)对我国东北粮食主产区的农产品质量安全进行了分析,并指出机制创新和农业科技支撑等能有效保障农产品质量安全。Gandhi 和 Zhou(2014)通过调查指出,目前中国虽然制定了新的食品安全措施,但是供应链的薄弱环节对食品安全构成了主要威胁,政府在克服供应链薄弱环节时不仅要满足有效需求,而且要向生产者传递有效的价格信号和激励。

第五节　文献简评

本章对粮食质量安全的内涵、我国粮食质量安全现状及问题、粮食质量问题成因、政策建议四个方面的文献进行了系统的梳理和总结,当前研究的主要问题具体体现在以下五个方面。第一,现有文献大多数研究以经验分析为主,来自实证层面的证据较少。第二,现有文献主要基于市场失灵理论和政府规制理论,强调信息不对称、信息隐瞒和政府规制行为在粮食质量问题成因中的解释力,虽然提供了很多可供参考的思路,但这些理论可应用到所有食品行业的研究,并不局限于粮食。粮食这一产品的特殊性并没有得到很好的体现。第三,有关消费者对粮食质量安全的评价研究缺失。粮食质量是消费者的需求,消费者对粮食质量安全的评价对于相关政策和制度的制定具有重要的参考价值。但从目前的研究看,基于消费者对我国粮食质量评价分析的文献仍较少。第四,现有文献较少进行粮食质量安全制度方面的系统性

研究，制度是解决粮食质量问题的重要宏观手段，基于制度层面的我国粮食质量安全研究比较罕见。第五，目前尚未形成粮食质量安全的准确概念和系统的研究框架。国内外文献虽然从粮食生产、流通和消费等方面探讨了粮食质量安全的各种问题，但从总体上来看，许多研究仍局限于对粮食质量安全的某一问题、现象或案例进行描述性分析，缺乏从宏观层面对粮食质量安全进行的系统研究。已有的研究既没有准确界定粮食质量安全的概念，也没有形成从概念、问题成因和政策建议等方面考虑的系统研究框架。在以上文献的基础上，本书对粮食质量安全概念进行了界定，从农业供给侧结构性改革视角出发，利用食品数据库的数据和深入访谈调查数据，了解了我国粮食质量的现状、问题及评价，并结合现实情况，对我国粮食质量安全问题的形成机理进行了分析，由此探索确保我国粮食质量安全的调控对策。

第三章 粮食质量安全的内涵及外延

为了弄清楚粮食质量安全的概念，本章对粮食质量安全的内涵和外延进行了界定，确定粮食质量安全具有确保对人类及环境无危险和营养安全两个不同层次的属性，发现了粮食质量安全与粮食安全之间的内在关系。粮食质量安全是粮食安全的重要组成部分，与粮食数量安全具有同等重要的地位。

第一节 粮食质量安全的内涵

内涵是一个概念所反映的事物本质属性的总和。"粮食质量安全"这一概念内包含了三个概念，即"粮食""质量"和"安全"。

中国的"粮食"是指供食用的谷类、豆类和薯类等原粮和成品粮。陈锡文指出，中央农村工作领导小组将粮食分为小麦、稻谷、玉米、大豆、薯类①五个种类，而联合国粮食及农业组织（下称粮农组织）用谷物来表示粮食概念，包括麦类、豆类、粗粮类和稻谷类等。中国人以粮食（特别是稻谷和小麦）为主食的历史很

---

① 资料来源：http://www.ce.cn/xwzx/gnsz/gdxw/201603/06/t20160306_9307930.shtml

悠久，根据河姆渡遗址的考古学证据，水稻于公元前五千年左右已经在长江流域种植。中国几个省的考古发现证实，小麦种植有七千年的历史。粮食不仅仅作为口粮，而且猪肉、禽肉等食物也由粮食转化而来。根据中国国土资源部公布的 2012 年数据，我国粮食总消费量是世界第一，其中口粮消费约占 30%，饲料用粮约占 40%，工业用粮约占 20%，种子和新增储备用粮约占 5%，损耗浪费等约占 5%。由此可见，拥有世界上最多人口的中国人对粮食的依赖远远超过了其他国家。因此，本书采用中国的"粮食"概念。

"质量"有很多种解释。在此，"质量"为"产品质量"的表述，表示产品的优劣程度。不少学者从不同的角度对"产品质量"进行了定义。从立足用户的角度出发，Juran 认为产品质量是指产品在使用时能满足用户需要的程度，表现为产品的适用性；Drucker 也指出"质量就是满足需要"。从生产者角度出发，Crosby 将质量概括为"产品符合规定要求的程度"；全面质量控制之父 Feigenbaum 则认为，产品或服务质量是指产品营销、设计、制造、维修中各种特性的综合体。综合来看，产品质量包含用户在消费产品时提出的使用要求和对产品使用要求的满足程度两方面内容。用户的使用要求是动态的，会随着时间、地点、对象、社会环境等因素的变化而发生变化，随着社会的发展、技术的进步而不断丰富和更新。因此，质量是动态的、变化的、发展的概念。产品的性能、经济特性、服务特性、环境特性和心理特性等能反映用户对产品使用要求的满足程度。因此，质量是一个综合的概念。

"安全"是在人类生产过程中，将系统地运行对人类的生命、财产、环境可能产生的损害控制在人类能接受水平以下的状态。国际民航组织也认为安全是通过持续的危险识别和风险管理过程，将人员伤害或财产损失的风险降低并保持在可接受的水平或其以下的一种状态。"安全"的本质属性是没有危险，并且"安全"这种状态是客观存在的，并不因主观意志而发生改变。"安全"一般表示为相对安全，而不是绝对安全。

将"粮食""质量"和"安全"合成一个概念。这一概念相对于"粮食安全"，更注重质量的保证。我国粮食质量随着生产力水平和生产技术的改革而发生变化，原来我们更加注重粮食的数量和产品性能的满足程度，但随着农业绿色革命的开展和"粗放型"生产方式的采用，粮食污染加剧，粮食质量是指在安全的前提下，粮食能满足人类膳食营养的需要。因此，我们对现阶段粮食质量安全的定义是：在满足人类人体膳食营养需要的同时，粮食的生产、流通和消费过程对人类的生命、环境可能产生的损害控制在人类能接受水平以下的状态。强调粮食作为一种食物或食物的原料，不会破坏人类健康，并能提供人类身体所需的营养供给。

第二节　粮食质量安全的外延

一、粮食质量安全是粮食安全概念的重要组成部分

根据世界粮农组织（FAO）的阐述，"只有当所有人在任何时候都能够在物质上和经济上获得足够、安全和富有的粮食，来满足其积极和健康生活的膳食需要及食物喜好时，才实现了粮食安全"。从这个定义来看，"物质上"说明保障粮食安全要有充足的粮食数量供给，"经济上"意味着要保障任何人都能购买到足够粮食，就必须稳定粮食价格。"安全和富有的粮食"体现了对粮食品质的要求，强调了保障粮食质量和营养的要求。由此可见，粮食质量安全与粮食数量安全、价格安全一起构成了粮食安全概念。粮食质量安全是实现粮食安全的最后一道防线。一个国家的粮食数量充足，但粮食质量问题严重，是无法实现真正的粮食安全

的。同时，根据蛛网模型，粮食生产会受到上一轮价格的影响。严重的粮食质量问题会使消费者对本国粮食需求减少，导致粮食市场价格出现波动，农民收入下降，并导致农民种粮积极性下降，从而影响下一轮的粮食数量供给。

二、粮食质量安全具有多层次属性

根据粮食质量安全的定义，粮食质量安全既要确保粮食对人类及环境无危险，又要使粮食能够实现人类的营养安全。因此，粮食质量安全包括两个递进层次。第一层次的粮食质量安全是确保粮食无污染、无残毒、无激素等；第二层次的粮食质量安全是在粮食达到无危险的情况下，满足人类膳食所需营养，达到营养安全（见图3－1）。营养安全是指在人类日常生活中，要有足够、平衡且含有人体发育必需的营养素供给，以达到完善的食品安全。世界粮农组织（FAO）指出，营养不足、营养过剩和营养不均衡是营养不安全的三大特征。由此可见，粮食营养安全是粮食卫生安全基本实现之后对于粮食质量安全更高的要求，是粮食质量安全由低层次向高层次的逻辑深化。自古以来，我国人民赖以生存的主食就是粮食，粮食安全是保障我国人民食物权得以实现的基本条件。联合国将食物权视为一项基本人权，强调国家是食物权核心义务主体，并指出饥饿及营养不良问题、食品安全问题是侵犯食物权的三大问题。从我国保障粮食安全的现实情况来看，饥饿问题通过有效保障粮食数量供给的方式已得到很好的解决，侵犯我国人民食物权的主要问题是粮食质量安全问题。从供给的角度来看，我国粮食质量安全的层次还停留在第一层次。而我国人民对粮食质量安全的需求已经从第一层次升级到了第二层次，民众更加注重粮食的营养安全。

三、粮食质量安全内容的范围界定

曾晓昀(2016)从不同角度划分粮食质量安全,他认为粮食质量安全可分为个体、特定群体和国家粮食质量安全,也可以分为国内、国际粮食质量安全。由于本书强调对中国粮食质量安全的宏观讨论,故研究对象为国家粮食质量安全。因此,本书并没有采用以上分类方式。

由于粮食质量安全涉及粮食供应链的各个环节,粮食供应从生产开始,经过加工、运输和储存等环节到达消费者手中最终进行消费。《粮食流通管理条例》第二条规定:粮食流通包括粮食的收购、销售、储存、运输、加工、进出口等经营活动。因此,将粮食质量安全划分为粮食生产质量安全、粮食流通质量安全和粮食消费质量安全(见图3-1)。

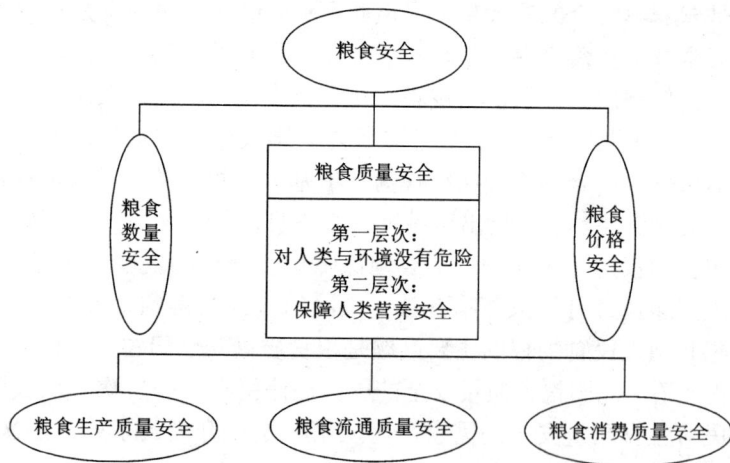

图3-1 粮食质量安全的概念分析图

生产作为粮食供应链的源头，是保障粮食质量安全的关键。影响粮食生产质量的因素非常复杂，涉及生态、技术、监管等。流通环节更多地强调原粮或加工粮收购、运输、存储、加工的质量完好，防止粮食因霉变、虫害或有害添加物而影响人类健康。消费环节的安全强调民众粮食消费安全意识和科学合理的消费行为。由于消费处于供应链的末端，其质量安全很大程度上取决于生产和流通质量安全，仅仅因消费不当引发的质量安全问题相对较少，主要是受消费者行为影响。随着消费者生活水平和教育水平的逐渐提高，以及互联网信息的快速传播，人们积累的高质量生活饮食知识和经验越来越丰富，制作粮食的设施也越来越先进，由于制作不当导致的质量问题少之又少。而且，现在市场上粮食充足，商品粮流通量大，从市场上获取粮食非常便利，每户家庭的粮食存储周期大大缩减，有不少家庭常年不存粮，大大降低了因存储不当导致的粮食质量问题。因此，纯粹由消费不当引起的粮食质量问题相对较少。所以本书主要讨论粮食生产和流通的质量安全。

第四章 中国粮食质量安全现状及问题

全面了解中国粮食质量安全现状及问题是研究中国粮食质量安全的前提和基础。从粮食质量安全的概念来看，粮食质量安全包括粮食生产质量安全、流通质量安全和消费质量安全三个主要内容。因此，本章试图从这三个内容入手对中国粮食质量安全现状及问题进行客观分析。

第一节 粮食生产质量安全现状及问题

一、粮食生产质量安全现状

（一）粮食质量安全水平逐年提高

总体来看，中国粮食品种丰富，各种档次的粮食很齐全，粮食质量安全水平逐年提高，整体质量良好（唐明贵和刘善臣，2009）。2014 年农业农村部新闻发言人在发布会上指出，2014 年我国粮食生产口粮品种增加，品质普遍提升。我国已推出了"盘锦大米""五常大米""舒兰大米"等高品质粮食品牌。2015 年，国家对广东省种植业的监测合格率达到 96.5%，体现了广东省农产品质量有所提升(黄进,2016);时任国家粮食和物资储备局党组书记、局长任正晓在2016年全国粮食质量安全宣传日活动上指出,近年来,中国米面油产品抽检总体合格率稳定在95%以上(谢佼,2016)。然而,我国优质粮食生产比例偏低。从《2015年中国稻谷(大米)产业报告》公布的数据来看,我国优质稻的种植比例仍不高,市场上出售的大多是普通稻。魏益民在2015年首届中国优质麦产业发展论坛上强调,我国小麦产量在1.2亿吨至1.3亿吨之间呈小幅增长,但优质麦的种植和产量,有减少趋势(周素雅,2015)。

(二)粮食生产质量因优质粮品种增加、生产环境改善、技术改进得到提升

随着粮食育种技术的发展,我国优质粮品种增加。中国水稻育种技术的发展,特别是杂交水稻育种和分子育种技术的发展,不仅重视提高产量,还注重稻米品质、营养、抗病虫害、抗寒、耐热等方面潜力的挖掘(王月华,2012)。例如,宁夏回族自治区中卫市华荣优质水稻种植专业合作社农民通过大面积平整土地、降解土壤、不施农药和化肥等11项措施,采取工厂化水稻种植模式,严控水稻各项质量参数,种植出了"零重金属、零农残"、高营养值的"质数大米",解决了水稻种植过程中除草难、化肥、农药和水的用量大等问题(王伟,2016)。为了提高粮食产量,政府对农业的投入增加,粮食的生产环境相比以往有了很大改善,机械化设备应用比较普遍,农业科技的贡献率进一步提升。韩长赋在全国农业工作会议上指出,2015年农业科技进步贡献率有望超过56%,农作物耕种收综合机械化水平达到63%,农田有效灌溉面积占比有望超过52%,并且三大主粮作物的化肥、农药利用率分别比2013年提高了2.2和1.6个百分点,"粮改饲""粮豆轮作"试点全面启动,农业科技对增产增收的贡献率进一步提高。

（三）我国相关部门积极探索保障粮食生产质量安全的对策

面对农业资源长期过度开发和农业面源污染加重的现实，中国农业农村部于 2015 年开展化肥农药减量增效试点，集成推广减量增效技术模式，建立了 218 个统防统治与绿色防控融合示范区；并加大生态环境治理力度，推进湖南重金属污染耕地修复、河北地下水超采区综合治理，完善农业环境监测体系。2016 年，农业农村部、生态环境部等十部委出台《探索实行耕地轮作休耕制度试点方案》，提出在东北冷凉区、北方农牧交错区等地开展轮作试点 500 万亩和休耕试点 116 万亩。相比我国 20.25 亿亩的耕地总面积①，轮作、休耕试点的耕地占比非常低，成效比较缓慢。

为了降低粮食生产成本和监管成本，我国粮食生产发展适度规模化。2015 年农村土地流转改革取得积极进展，农业农村部部长韩长赋在全国农业工作会议上对这一举措进行了肯定。他公布我国土地承包经营权确权登记面积超过 3 亿亩，家庭农场、合作社、龙头企业等新型农业经营主体达到 250 万家，多种形式适度规模经营加快发展，农村集体资产股份权改革试点有序实施，农村改革试验区和国家现代农业示范区建设水平稳步提升，《中共中央国务院关于进一步推进农垦改革发展的意见》得以正式印发。虽然我国粮食大户的数量逐年增加，但是我国粮食生产还是以散户生产为主。2013 年中国农业农村部种植业司对全国种粮大户和粮食生产合作社的调查显示，我国拥有 68.2 万户种粮大户和 5.59 万个粮食生产合作社，其中种粮大户仅占全国农户总数的 0.28%，种粮大户和粮食生产合作社所经营的耕地总面积占

---

① 数据来源：自然资源部对外发布 2015 年度全国土地变更调查结果。

全国耕地面积的 11.3%，他们的粮食产量占全国粮食总产量的 20.9%（冯华，2013）。如果按照以上数据进行推算，我国新型农业经营主体总数仅占全国农户的 10% 左右。

　　为了有效保障粮食生产质量安全，农业农村部和各地农业农村部门积极探索推进农产品质量安全追溯平台，追溯平台开始得到推广，追溯试点正在逐步扩大，我国许多地区开始开展农产品质量安全追溯试点示范工作，生产经营主体责任进一步强化，取得了显著的成效（张铎，2016）。

二、粮食生产环节存在的质量安全问题

　　长期以来，阻碍中国农产品出口的食品安全问题一直是揭示中国食品政策的弱点和根本缺陷的主要研究课题（Dong 和 Jensen，2007；Chen et al.，2008；Mol，2014）。而生产环节作为粮食供给的源头，是造成粮食质量问题的主要因素（王志振，2002）。因此，接下来主要对我国粮食生产质量安全方面存在的主要问题进行剖析。

（一）粮食重金属超标

　　在粮食生产环节，主要污染来自粮食生产环境中的污染物及农药、化肥的残留（夏明伟，2013）。无论是生产环境的污染物还是农药化肥的残留，都是通过土壤污染影响粮食作物质量的。有毒化学物质通过土壤对粮食质量造成严重影响，有毒化学物质对土壤的污染中以重金属污染和农药污染最为突出（马莺、崔杰，2010）。粮食作物的重金属污染主要是通过根系从土壤中吸收、富集重金属污染物形成的，有毒重金属在环境中难以降解，并可通过食物链在动物和人体中累积、富集和放大，从而对人类健康造成严重损害。重金属一般是指"密度大于 4.5 克每立方厘米"

的金属，主要有镉、铅、汞、铬、砷。据第十一届中国经济法律论坛披露，中国每年有 1200 万吨粮食受土壤重金属污染，造成的损失可达 200 亿元，其中湖南省和河南省是粮食受重金属污染最为严重的地区。土壤是粮食重金属污染的重要途径，全国有 16% 以上的耕地面积受到重金属污染，其中 11 个省 25 个地区的耕地受到镉污染，湖南受重金属污染的耕地占比超过了 40%。污水灌溉和大气中的金属飘尘是土壤重金属污染的重要来源。其中，湖南省的污水中镉、铅、汞、铬和砷含量分别为 4.44 微克每升、12.69 微克每升、0.08 微克每升、5.97 微克每升、17.59 微克每升，湖南省受重金属污染的粮食占比超过 2%，是全国重金属污染最严重的地区；河南省、江西省和甘肃省的污水中铬含量都达到了 8 微克每升[①]。由于农田的重金属污染，约 13.86% 的粮食生产受到影响（Zhang, et al., 2015）。除此之外，我国粮食生产过分依赖农药化肥的投入，而农药化肥的长期投入又进一步加剧了土壤的重金属污染。我国耕地面积仅占世界的 7%，年化肥使用量却占世界的 35%，农药利用率仅为 35%，比发达国家低 10 ~ 20 个百分点（钱克明，2015）。一般情况下，使用的农药只有 10% ~ 20% 在粮食作物的病虫、草害的防治中起作用，其余的则都进入土壤，并被土壤胶粒及有机质吸附，造成土壤污染。环保部自然生态保护司司长庄国泰指出，65% 的化肥变成了污染物，留在了水土中。例如，长期施用氮肥会活化土壤中的重金属元素，增加重金属元素在土壤中的活性，形成土壤重金属污染。大量的化肥农药造成了严重的农业面源污染[②]，导致粮食生产环境恶化，严重影响粮食生产质量安全。2013 年广东省质监局、工商局、粮食

---

① 数据来自：http://news.sohu.com/s2016/shuzi-497/index.shtml。
② 所谓农业面源污染，是指农田里的化肥、农药残留在土壤中，流失到水体里造成的污染。

和物资储备局组织对大米开展重金属镉含量项目的检验，广东省质监局抽检大米成品 762 批次，合格 751 批次，不合格 11 批次，合格率为 98.6%；广东省工商局共组织抽检大米 342 批次，其中重金属镉含量项目合格 322 批次，不合格 20 批次，合格率为 94.2%，不合格大米来自外省和广东省部分地区（广东省卫生厅，2013）。

（二）农药残留超标和粮食霉变

目前，虽然我国粮食生产的新型经营主体初具规模，但是占比偏低，我国粮食生产仍以散户经营为主。散户经营大多以家庭经营形式进行粮食生产。由于城市化发展导致农村劳动力的大量转移，留在农村进行粮食生产的散户以老弱为主，务农劳动力继续趋于老龄化（钟甫宁、向晶，2013），学历层次和技能水平比较低，粮食生产培训投入严重不足，粮食生产过程中容易出现操作不当或不合理的现象。2008 年，我国农民平均受教育年限仅为 7.3 年，其中接受过农业职业教育的劳动者不足 5%，农民的劳动力素质水平极低（周雷，2009）。由于从事务农的主体因农村年轻劳动力的流出而没有发生较大改变，因此我国农民的整体素质并没有得到提升。在这一背景下，我国农民滥用除草剂的现象很普遍。王欣芳（2014）通过对农民使用除草剂的实地调查发现，不少农民为了省时省工，存在滥用除草剂行为。王森（2014）在基层调查时发现，不少农民对除草剂依赖性很强，经常过量使用。我们在 2016 年采用访谈调查的结果也发现，在稻谷收割前，南方一些农村散户会对稻谷大量喷洒除草剂，使其尽快干燥，以省去或减少稻谷晾晒时间。这些农户对除草剂的毒性缺乏认识，或者粮食质量安全意识不强，导致了他们对除草剂的滥用。除此之外，在北方地区，玉米的生产周期长，以致玉米收割后不容易晾晒和干燥，在玉米收购之前，形成了大量的"地趴粮"，导致粮食霉变，出现严重的粮食质量问题，虽然政府出台了一些政策进行防范，但是这种现象并没有得到完全解决（王观，2015）。

（三）粮食污染难以得到改善

农户和政府的行为在一定程度上制约了粮食污染的改善。农户对于秸秆的处理，多以焚烧的方式留在田里，污染空气，并且使得秸秆的有机质无法还田，土壤有机质严重不足，从而进一步促进化肥的使用，使污染加重。2013年我国农作物秸秆约8亿吨，占农业生物质总产量的50%，但都没有得到合理利用（刘辉、李亦亮，2016）。政府对粮食生产行为的监管不力加剧了粮食生产质量问题。由于粮食以散户经营为主，生产规模小，监管成本高，检验粮食生产质量设备需求大，且设备的采购成本高昂，不少检验设备操作复杂，不利于推广。因此，在粮食生产环节，地方农业农村部门和质检部门疏于防范和检查，农户自行检查资金投入过高，检查激励缺失。目前，我国的粮食质量安全追溯体系建设还处于探索发展阶段（张铎，2016）。追溯系统多而杂，追溯系统的产品类别和区域单一，全品种跨区域的追溯系统极少，供应链上下游全程追溯系统也很少。我国粮食质量安全追溯实行"分段管理"。粮食生产归农业农村部门监管，粮食加工归工信部门监管，粮食市场流通归商务部门监管。"分段管理"的弊端是导致我国粮食质量安全追溯工作困难重重，效率低下。并且目前的追溯平台仅仅具有验证产地或厂家的功能，而并不具备检验质量的功能。这些情况都制约着粮食生产环节的粮食污染改善。

第二节 粮食流通质量安全现状及问题

一、粮食流通质量安全现状

(一)加工方面的粮食质量安全现状

粮食加工包括粮食收获后对粮食的干燥、脱粒、清选、分级、粉碎去壳、称重、包装等处理的整个过程。我国粮食加工精细度较以往更高,粮食加工产品呈"精细白"特点,具有更好的品相和口感,但是这一过程造成粮食大量的营养成分损失、出品率降低和能耗大幅度提高。中国粮食行业协会统计数据显示,我国每年大约有20%的小麦、稻谷加工成精面、精米,过度加工造成的粮食损失约75亿公斤。粮食精细化加工使粮食营养成分大量流失,容易造成某些"富贵病"(吴学安,2014)。例如,大米的过度加工,不仅造成粮食资源的浪费,而且造成营养物质的大量流失,从而不利于人的身体健康(傅正兵等,2014)。2013年时任农业农村部农产品加工局局长张天左在第二届全谷物发展国际论坛上也指出:"精米精面去掉了谷物籽粒上面的表皮皮层和胚芽,仅保留胚乳部分,造成大量的 B 类维生素的损失。过度加工不仅消耗了能源,而且严重影响居民的健康和营养。我国居民各种非传染性慢性疾病的快速增长,与我们食物消费构成有非常直接的关系。"①

为解决粮食过度加工问题,我国非常重视粮食加工技术的改进。超微粉碎技术、超高压技术、稻谷适度加工技术等都大大减

---

① 资料来源:余海涛. 我国谷物过度加工问题突出 致营养素大量流失[EB/OL]. [2013 – 10 – 24]. http://health. sohu. com/20131024/n388843074. shtml。

少了粮食加工过程的营养流失，保证了粮食质量。超微粉碎技术能在很短的时间内将固体物料粉碎成粒径均匀的超微粉体，避免了粮食的营养成分流失和污染的发生，达到了对粮食最大限度的利用（谢瑞红等，2009）。超高压技术在粮食加工过程中，可以杀死微生物达到灭菌保鲜，同时粮食原有的营养价值和风味不受或很少受影响（刘艳芳、陈怡平，2008）。例如，采用超高压技术进行陈米加工，可以使其黏度上升，改善香气和色泽，缩短煮制时间；利用超高压技术储藏粮食，具有较长的存储期。目前，超高压技术在粮食产品加工方面的应用发展较快，我国对该技术的研究不断深入，其在粮食产品加工中所发挥的作用备受关注（于勇等，2015）。为了防止粮食过度加工，我国2009年修改了《大米国家质量标准》，大米品类和等级进一步细化，促进大米加工朝适度加工发展。2010年我国一级以上大米的消费比重有所下降，但还是占总消费量的80%；二级大米占13.2%；三级和四级大米重新进入市场（刘兴信，2012）。我国采用高温高湿淀粉凝胶形成、杂粮粒度适度控制、杂粮挂面专用压延三大核心关键技术，让全谷物杂粮挂面能够在不添加亲水胶体的基础上，用传统压延生产线，通过增加预处理设备和调整加工工艺实现高品质（谢玲，2016）。

另外，粮食深加工降低了粮食流通的质量风险。为了解决流通环节粮食积压导致的质量下降，粮食深加工被广泛采用，深加工提升了粮食附加值，促进粮食实现有效转化和流通。例如，在国际上，玉米深加工产品多达3500种，大大促进了玉米附加值的提升。近年来，我国的玉米深加工行业快速发展，玉米加工转化能力增长迅速，产能规模大，行业集中度高，玉米得到有效转化，降低了玉米的流通质量风险（张志栋，2015）。

（二）运输方面的粮食质量安全现状

从粮食种类来看，中国粮食运输以原粮运输为主。因为原粮保质期要比成品粮保鲜期长 5~8 倍，能更好地适应市场供应调节（杨朝晖，2016）。从运输方式来看，中国粮食运输的主要方式是铁路、公路和水路运输。铁路运输，主要承担从收纳库到终端库的粮食运输，运量大、连续性强，是中国内陆粮食长途运输的主要运输载体。公路运输，主要承担粮站库到收纳库之间的粮食运输。水路运输，主要承担由中转库向终端库集并的粮食运输和出口粮食的运输。近几年，中国集装箱运输发展很快，与火车相比，集装箱运输优势在于装卸粮食方便，可实行"门到门"的服务，减少粮食运输中的破损、撒漏、变质等问题，有效保护粮食品质（魏君，2012）。《2015 年交通运输行业发展统计公报》的数据显示，全国规模以上港口完成粮食吞吐量达 2.51 亿吨，其中粮食外贸吞吐量为 1.19 亿吨。当前，中国粮食的水运和火车运输占粮食运输总量的比例分别为 45.35% 和 38.75%，汽车运输粮食的比例仅为 16.08%；粮食运输采用散粮运输和包粮运输两种方式，其中散粮运输占到总粮食运输量的 75.78%，散粮运输的原粮所占比例为 85.9%，包粮运输以成品粮为主，成品粮占比达到包粮运输总量的 85.7%；不同的粮食品种运输量差异大，调查玉米、小麦和稻谷这三大粮食品种的运输量发现，玉米的运输量所占比重高达 77.45%，而小麦和稻谷的运输量分别占粮食运输总量的 20.22% 和 2.33%（钟昱、亢霞，2016）。《粮食收储供应安全保障工程建设规划（2015—2020 年）》的内容显示，2014 年全国有 1.65 亿吨粮食跨省运输，原粮跨省散运比例约 25%，以包粮运输为主。

从粮食运输质量的保证方面来看，包粮运输损耗大，容易受到污染。包粮运输的整个流通环节需要经过多次灌包、拆包，包装资材耗费大、抛洒损失多、掺混杂质情况严重（夏明伟等，

2013）。包粮运输存在三种粮食污染，一种是包粮运输中包装袋纤维容易脱落到粮食中引起粮食污染；第二种是包粮运输一般使用可能运输过有害物质的篷车或敞车，虽被洗刷，但也可能引起粮食污染；第三种是篷车或敞车遇到雨雪天气，粮食容易受潮导致粮食污染（朱光宇、史俊玲，2009）。而散粮运输一般采用专用运输车或者集装箱，避免了包粮运输存在的质量安全隐患。

为了提高散粮运输的比重，国家发展改革委员会早在2007年就下发了《粮食现代物流发展规划》，分2006年到2010年、2011年到2015年两个阶段推广散粮运输方式。要求第一阶段全国原粮流通量中散粮流通份额提高到35%，其中国内跨省流通量（不包括进出口）中散粮流通份额提高到50%；第二阶段建设跨省粮食"四散化"运输体系和应急调控体系，要求全国原粮流通量中散粮流通份额达到55%，其中国内跨省流通量中散粮流通份额达到80%，且主要跨省散粮物流通道基本实现散粮运输。我国正在积极推进粮食流通"四散化"建设，逐步建立东北地区粮食流出通道、黄淮海地区小麦流出通道、长江中下游稻谷流出通道、华东沿海地区流入通道、华南沿海地区流入通道、京津地区流入通道这六条全国跨省散粮物流通道。从我国的粮食运输现状来看，实施《粮食现代物流发展规划（2006—2015年）》，对主要跨省粮食物流通道的建设起到了积极推动作用，但离确定的目标还有较大差距。2015年，我国原粮跨省散运占比仅为30%，比起预期目标55%相差较大。为此，我国《粮食行业"十三五"发展规划纲要》提出2020年原粮跨省散运比例达50%的预期目标。目前，粮食运输方式由包粮运输逐渐向散粮运输转变，散粮运输比例逐渐上升，我国粮食运输质量总体上得到了一定程度的改善。

（三）存储方面的粮食质量安全现状

存储过程中的质量安全隐患主要包括储粮害虫及杀虫剂污染、粮食微生物和粮食陈化。储粮害虫包括在粮食储藏期间危害粮食及其加工产品与副产品的昆虫及螨类。据不完全统计，全世界已定名的仓储昆虫种类多达 819 种，其中害虫 492 种，螨类141 种，益虫 186 种（马莺、崔杰，2010）。我国的储粮昆虫大约270 种，其中储粮害虫为 226 种（马晓辉等，2008）。我国每年因害虫危害造成的粮食损失达 150 万～500 万吨（王晶磊等，2014）。一方面，由于我国粮库条件变好，环境控制严格，管理方式合理，出现的害虫种类大大减少。齐艳梅等（2015）于 2014 年随机选取 9 个省份 19 个粮库进行调查，在中温区（重庆、湖北、江西、浙江和福建）10 个粮库发现了 13 种储粮害虫，在高温区（云南、广西、广东和海南）9 个粮库发现了 10 种储粮害虫。山东费县鲁南国家粮食储备库对鲁南地区粮库主要储粮害虫进行调研实验，共发现了 12 种储粮害虫，其中粉食性害虫和蛀食性害虫分别为 10 种和 2 种，比较发现在稻谷、小麦、玉米粮堆表面诱捕到储粮昆虫（螨）的种类数分别为 12 种、9 种和 5 种（张宏宇等，2016）。虽然以上调查都存在害虫种类调查范围较小和害虫诱捕工具受限等情况，但结果显示储粮害虫种类比以往大大减少，在一定程度上还是能说明我国在粮食储备防治虫害方面取得的成绩。另一方面，为了防治虫害，粮食存储通常使用磷化氢熏蒸剂或其他剧毒农药杀虫，长期使用杀虫剂会使得储粮害虫耐药性增强，杀虫剂的用量和次数也会随之增加，容易造成粮食的农药残留超标，带来粮食质量问题（雷银生，2015）。为了防止储粮因杀虫剂带来二次污染，不少粮库都采用非化学药剂进行虫害防治，我国政府正大力推进智能通风、环流熏蒸、粮情测控、谷物冷却、充氮气气调储粮这些新的储粮技术，使库存的粮食处于一种安全储存的状态。例如，中国储备粮管理总公司，其管理的粮食约占全国粮食总库存的 75%，为了高效防治虫害，该公司研发并推广应用氮气气调储粮技术，即向粮堆中充入氮气替代化学药剂熏蒸对粮食进行害虫防治，在储粮中实现化学药剂的"零排放"，该技术因显著的保鲜及虫霉防治效果,于2014年1月荣获中国粮油学会科学技术奖一等奖(姜靖,2014)。随着粮仓改造和储粮技术的进步,我国因虫害导致的粮食存储质量隐患大大降低。

　　微生物具有形体小、数量大、种类多、分布广、繁殖快、代谢强度高等特点,其生存需要从环境中分解和吸收营养物质。粮食含有微生物所必需的各种营养物质,是微生物良好的天然培养基。由于储存的温度、湿度等环境的影响,存储粮容易遭受黄曲霉毒素、呕吐毒素、赤霉烯酮等微生物的侵袭。在所有的储粮微生物中,霉菌对储粮安全和储粮品质的影响最大,特别是其中的低温干生性种类,能在较低的温度和干燥条件下分解粮食有机质,引起粮食发热霉变(赵桂玲,2011)。因此,储藏的粮食构成了微生物营养代谢和导致霉变的基础。微生物容易导致粮食产生毒素污染和变质,丧失食用价值,损害人类健康。例如,黄曲霉毒素会对粮食造成不可弥补的损失,对人体的危害作用主要包括对人体细胞的致癌作用、细胞毒作用、对免疫系统的损害作用和对肝脏细胞的的侵害作用(单晓雪,2015)。据统计,中国每年由于霉变、虫害和鼠害造成的粮食损失约为总产量的3%,约150亿公斤,其中,霉烂粮食达75亿公斤,按人均每年250公斤口粮计算,相当于6000万人一年的口粮(姜靖,2014)。据国家粮食和物资储备局的抽样调查,全国农户储粮损失率平均为8%左右,每年损失粮食约200亿公斤,其中因霉变造成的损失约占总损失量的30%。为减少损失,国家从2007年开始推行农户科学储粮专项工程建设,截至2013年,累计为677万农户提供了科学储粮仓,每年累计可减少损失7.5亿公斤(刘慧,2014)。目前,为了进一步减少储备粮霉变,我国《粮食收储供应安全保障工程建设规划(2015—2020年)》提出,要大力推广绿色生态智能储粮技术和质量监测技术。

　　粮食陈化是粮食在储存保管环节的正常自然现象。新陈代谢使得存储较长的粮食保质保鲜机能弱化，进而发生粮食陈化。我们通常将陈化粮定义为超过正常储存年限，内在品质和食用口感下降，急需出库的粮食。粮食陈化是判断储备粮是否能继续存储的重要依据，并不能说明陈化粮是有毒有害的粮食，只能说明粮食质量下降了（任正晓[①]，2016）。不同粮食品种的陈化程度不一，成品粮比原粮更容易陈化。由于存储时间较长，陈化粮容易被黄曲霉菌污染和杀虫剂污染，存在较大的质量安全隐患。20世纪90年代末，粮食丰收使国家储备粮出现高库存，而国家储备粮轮换制度不完善导致储备粮轮换周期长，加上储备粮的储备条件差，储备粮陈化现象严重。对此，21世纪初，我国先后下达了《陈化粮处理若干规定》和《关于进一步做好陈化粮销售处理和监管工作的通知》来规范陈化粮管理。通过粮食流通体制改革，我国健全了粮食收购、储存、轮换制度，有效实现了储备粮的适时轮换。"陈化粮"于2006年正式被国家取消，中央政府制定并公布稻谷、玉米、小麦储存品质判定规则国家标准。随着我国粮食流通的进一步市场化，以及粮食收购政策和临时收储政策的先后执行，造成我国粮食库存量大增，同时近几年国内外粮食价差进一步拉大，储备粮轮换受阻，造成储备粮长期大量积压，陈化严重，质量变差。2013—2014年度中国玉米库存达到历史最高点1.06亿吨，年末库存消费比高达59.73%，远高于联合国粮农组织规定的17%的粮食安全标准（汪苏，2015）。为了处理粮食陈化问题，国家相关部门对储存时间较长并经检验不符合食品卫生安全标准的粮食，将根据质量情况和有关标准、要求，定向销售给酒精、燃料乙醇企业或饲料用粮企业（梁新华，2015）。

[①]　中国国务院新闻办公室举行2016年粮食工作有关情况新闻发布会上，任正晓回答北京青年报记者问。详情见网站 http://www.scio.gov.cn/xwfbh/xwbfbh/wqfbh/33978/34475/wz34477/Document/1475576/1475576.htm。

二、粮食流通环节存在的质量安全问题

(一)加工环节的粮食质量安全问题

根据《粮食加工业发展规划(2011—2020年)》指出,我国粮食加工企业布局不集中,区域结构不合理,多采用初加工方式,稻谷和小麦加工行业的产能利用率仅为43%和60%;2010年富含营养的高端大米(例如糙米、留胚米、营养强化米)和高端小麦粉(例如专用小麦粉、全麦粉)占总量的比例过低,分别为3%和11%;不少大米、小麦粉产品采用过度加工,造成粮食营养成分的流失和巨大的资源浪费;粮食加工产品技术要求低,不少产品缺乏统一标准;粮食加工质量安全检测能力弱,没有形成完整的质量追溯体系;粮食加工企业缺乏法制和诚信意识,只注重粮食的卖相,不重视质量,不按照标准进行加工,违规使用食品添加剂、掺假行为没有得到有效遏制,导致粮食质量安全事件频发(罗雯,2014)。例如,粮食加工厂违法使用过氧化苯甲酰、磷酸钙盐和滑石粉、甲醛次硫酸氢钠、人工色素等添加剂以改善粮食制品的品相,危害消费者的健康(雷银生,2015)。

从国家及地方食品与药品监管局的粮食制品抽检结果来看,在2015年1月至2016年1月,大米制品的不合格种类达63种,不合格的原因主要有无机砷超标、碎米总量超标和标签不合格(见表4-1)。其中标签不合格占不合格总量的66.7%。大米的外包装标签不合格体现在以下几个方面:未标注营养成分表和配料表,质量等级、QS标志标注不规范,未标注或提前标注生产日期,声称含有锌、硒、铁等多种微量元素但未标注其含量,产品名称未标明产品真实属性,标注或者暗示了具有预防、治疗疾病作用的内容等。2015年2月至2016年8月,各种小麦粉的不合格抽检结果共计47个,其中不合格原因包括各种非法添加、重金

属超标和霉菌超标(见表4-2)。其中,脱氧雪腐镰刀菌烯醇[1]超标占不合格总量的61.7%。脱氧雪腐镰刀菌烯醇是一种霉菌毒素,其毒性较强。例如,安徽省曾出现因食用了被脱氧雪腐镰刀菌毒素污染的小麦面粉而发生急性中毒的事件(宋梅,2014)。由此可见,小麦粉不合格的主要原因是霉菌超标。除此之外,还有加工过程中非法添加过氧化苯甲酰、二氧化钛等漂白剂,使用含铝食品添加剂(这类添加剂可用作固化剂、膨松剂、稳定剂、抗结剂和染色料等)。我国对食品添加剂有明确的使用标准,过氧化苯甲酰、二氧化钛等漂白剂不得含有,含铝食品添加剂[2]可以在豆类制品等食品中适量添加,但最终产品的铝残留限量≤100mg/kg。铝残留量的过量摄入会对人体产生神经毒性、生殖毒性、发育毒性,影响儿童的智力发育,也可能导致软骨病和骨质疏松的发生。

---

① 脱氧雪腐镰刀菌烯醇是小麦、大麦、燕麦、玉米等谷物及其制品中最常见的一类污染性真菌毒素,其性质稳定,耐热、耐压、耐弱酸、耐储藏,一般的食品加工不能破坏其结构,加碱或高压处理才可破坏部分毒素。低剂量脱氧雪腐镰刀菌烯醇可能引起动物的食欲下降、体重减轻、代谢紊乱等,大剂量可导致呕吐。人摄食被脱氧雪腐镰刀菌烯醇污染的谷物制成的食品后可能会引起呕吐、腹泻、头疼、头晕等以消化系统和神经系统为主要症状的真菌毒素中毒症,有的病人还有乏力、全身不适、颜面潮红、步伐不稳等似酒醉样症状(民间也称醉谷病)。更多详情见 http://www.hn315.gov.cn/publicfiles/business/htmlfiles/hnzjj/s310/201606/36254.html。

② 有关铝残留的更多详情见国家市场监督管理总局网站上的《关于食品中的铝残留》一文。

表 4-1 大米不合格抽检结果（2015.01—2016.01）

通报单位	通报时间	产品名称	产品种类	不合格原因
黑龙江市场监督管理局①	2015/1/7		1	无机砷超标
国家市场监督管理总局	2015/2/27	大米	2	无机砷超标
重庆市场监督管理局	2015/11/9		4	碎米总量超标
贵州市场监督管理局	2015/12/21		42	标签不合格
贵州市场监督管理局	2016/1/25		14	标签不合格
共计			63	

数据来源：中国食品库的数据整理。

表 4-2 小麦粉不合格抽检结果（2015.02—2016.08）

通报单位	通报时间	产品名称	产品种类	不合格原因
国家市场监督管理总局	2015/2/16		2	检出过氧化苯甲酰
	2015/2/27		1	镉超标
河南市场监督管理局	2016/4/6	小麦粉	2	检出过氧化苯甲酰
江苏市场监督管理局	2016/10/26			
山东市场监督管理局	2015/7/27		2	检出二氧化钛
江苏市场监督管理局	2016/10/12		1	
国家市场监督管理总局	2015/6/15 2015/7/21		2	检出铝的残留量
	2015/9/28		2	铝超标，检出含铝添加剂

① 国家市场监督管理总局为食品药品监督管理总局在 2018 年国务院机构改革后的名称，以下表格都采用这一名称。

续表4－2

通报单位	通报时间	产品名称	产品种类	不合格原因
浙江市场监督管理局	2016/4/26		1	铝的残留量超标
广东市场监督管理局	2016/5/3		2	检出铝残留量
湖北市场监督管理局	2016/8/18		1	
国家市场监督管理局	2016/6/21		1	苯并[a]芘超标
甘肃市场监督管理局	2015/6/9 2016/8/5		2	脱氧雪腐镰刀菌烯醇超标
黑龙江市场监督管理局	2015/8/3 2015/8/24		2	
安徽市场监督管理局	2015/8/12		1	
江苏市场监督管理局	2015/12/23	小麦粉	1	霉菌计数超标
江苏市场监督管理局	2015/12/23 2016/4/29 2016/5/4 2016/5/11 2016/5/27 2016/6/15 2016/6/22 2016/7/22		15	脱氧雪腐镰刀菌烯醇超标
宁夏市场监督管理局	2016/4/25		2	
浙江市场监督管理局	2016/4/26		1	
山东市场监督管理局	2016/5/4 2016/6/8 2016/8/17		5	
重庆市场监督管理局	2016/8/5		1	
共计			47	

数据来源：中国食品库的数据整理。

在进口粮食加工方面，掺假事件也时有发生。据相关市场调研信息发现，进口低价大米有较大一部分通过与国产中低档大米掺兑的形式进入了国内大众消费市场，对整个大米销售造成了巨大冲击（中国报告大厅，2016）。中华粮网稻谷研究员李迅揭露，"某些企业在国产米中掺入25%的低价外国米，导致国产米价格上升空间变小，低端外国米进口数量快速增加，扰乱国内大米市场秩序"。另外，粮食加工环节粮食包装混乱，粮食加工设备和包装材料中的毒素等会带来成品粮的质量安全问题。目前，我国粮食包装袋没有制定统一标准，质量和封口各式各样，不利于粮食运输和储存。粮食包装多采用小厂家生产的塑料编织袋，编织袋生产在缺乏监管的情况下难以保证质量（夏明伟，2013）。除了人为的影响外，环境也可能带来严重的粮食加工质量安全问题。雷银生（2015）指出，一些粮食加工企业的生产环境恶劣，空气中充满有害灰尘、烟尘和其他气体，厂房又暗又潮，老鼠和害虫泛滥，粮食加工质量安全隐患大。

（二）运输环节的粮食质量安全问题

国内粮食运输的质量安全没有受到足够重视。粮食现代物流发展水平比较落后，物流成本高、效率低、品种互混严重、抛洒损耗大、杂质含量高、运输过程环境控制措施严重缺失等问题突出，各方普遍关注运输粮食减损，忽略运输粮质量安全问题（吴存荣，2014）。我国粮食运输管理低效，且相关规定都没有涉及粮食质量安全要求。粮食的散装、散卸、散运、散存实行跨区域流通，其过程涉及的部门很多，各方面协调难度大，信息沟通不畅，缺乏统一的质量检验标准，运输效率低下（尹业章，2016）。中国国家粮食储备局颁发的《粮食运输管理规则》（国粮储〔1997〕255号）文件对运输粮质量要求、包装物和铺垫物标准以及运输车标准进行了详细规定，但主要是针对包粮运输的相关要求，不能完全适应社会发展。铁道部、国家粮食和物资储备局2004年下发《关于铁路粮食运输严格执行包装标准的通知》针对运输过程粮食散落问题做出的规定，没有涉及粮食质量安全的要求。我国粮食运输还是以包粮运输为主，专业化运输工具短缺，容易导致粮食质量问题。铁路粮食运输工具以敞车和篷车为主，不适合散装粮运输，而散粮专业火车数量少，且受运力和体制限制仅能在东北地区应用；公路运输以社会通用车辆为主，缺乏专用的散粮运输车；水运缺乏定性、功能完备的散粮驳船和配套装卸设备，并且运输过程存在设备老化和粮食暴露于空气中的情况，会导致粮食受到污染（夏明伟，2013）。我国长距离粮食运输的质量问题非常严重。例如，北粮南运的过程中，一般需要很长的运输时间，温度和湿度的变化使得北方偏高水分粮食在运输过程中易发生结露、霉变，导致粮食变色变味不能食用，甚至使人、畜食用后产生各种中毒症状或癌变，危害人、畜的生命安全（吴存荣，2014）。运输过程中的人为操作也会导致粮食质量污染问题。在选用包装物时，不少工作人员不按照要求选用包装袋，而是采用一些含有有害物质的包装物包装、运输粮食，造成粮食污染；在运输中，将粮食与有毒、有害物品进行混装和混运，造成粮食污染（雷银生，2015）。例如，2007年由澧县站发往茂名站的一整车2431件袋装大米被工业萘污染，铁路卫生监管部门检测结果显示，这批近60吨的大米已不能食用，造成了巨大经济损失，污染的原因为该车装运过工业萘，排空后装大米前没有进行洗刷消毒，导致大米污染（李兆林等，2008）。周渊冰和赵毓仙（2006）对太原铁路中心卫生防疫站2001—2005年对管区内铁路车站到达食品污染事件的调查结果进行分析，发现2001—2005年粮食运输污染为112起，粮食污染1150.5吨，造成经济损失248.2万元，受污染的粮食品种有大米、糯米、面粉和小麦，其中每年大米的污染最为严重，污染的类型主要是生物性污染，敞车篷布被割破漏雨、敞车篷布渗雨、篷车漏雨、车辆污染、混装污染等引起粮食霉变,是造成生物性污染的主要原因(见表4-3)。郑州铁路卫生监督所的刘晓冬和王增朝(2011)也对某铁路局承运粮食的质量安全事件进行了调查,发现粮食是该局主要的承运食品品种(占承运食品的85.5%),2008年发生1起原因不明的面粉破损事件,2009年发生原因不明的大豆破损事件1起、原因不明的大米包装损坏事件2起、篷布破损漏雨致使面粉和大米潮湿腐烂事件3起,其中大米污染事件占了3起。

表4-3 2001—2005年粮食运输污染总体情况

年份		2001	2002	2003	2004	2005	总计
污染起数 污染种类	总数	5	13	19	21	54	112
	大米	4	11	17	20	54	106
	糯米	0	1	1	0	0	2
	小麦	0	1	1	1	0	3
	面粉	1	0	0	0	0	1
污染原因	篷布被割	3	7	13	12	40	75
	篷布渗雨	1	2	1	2	12	18
	篷车漏雨	1	3	4	6	0	14
	车辆污染	0	1	1	1	1	4
	混装污染	0	0	0	0	1	1
损失量/吨		98.8	105.8	217	256.7	472.7	1150.5
损失价值/万元		20.2	21.7	40	53	113.3	248.2

数据来源:太原铁路中心卫生防疫站2001—2005年对管区内铁路车站到达食品污染事件的调查结果。

（三）存储环节的粮食质量安全问题

存储设备落后带来粮食存储质量问题。我国粮食存储主体主要有国家粮食储备库、粮食商业存储仓库和粮农的自建粮仓。其中，国家粮食储备库和商业粮存储库设施好，仓储人员素质高，仓储导致的粮食质量问题相对较少。相比之下，农户存粮带来的粮食质量问题比较严重。《粮食收储供应安全保障工程建设规划（2015—2020 年）》的内容显示，我国农户存粮约占全国粮食年总产量的一半，由于储存条件差、设施简陋等，农户存储粮损失比例在 8％左右。刘清等（2014）也指出，农户存粮由于烘干能力不足、储存条件简陋、缺乏技术服务等原因，每年因虫害、霉变等造成的损失浪费在 2000 万吨以上。虽然我国于 2009 年制定《农户小型粮仓建设标准》（LS/T8005—2009），2011 年发布《"十二五"农户科学储粮专项建设规划》（发改经贸〔2011〕587 号）和《农户科学储粮专项管理办法》，但是我国农户储粮问题并没有得到很大改善。目前，我国政府加大农户储粮科技攻关和投入力度，"粮食丰产科技工程"产后领域项目开发了农户储粮新装具新技术，"农户科学储粮专项"在 26 个省推广了 800 多万套，每年为农民减少产后损失 90 万吨，增收 20 多亿元。然而，统计显示，目前已实施农户科学储粮专项的农户占比依然不足 3％，加大农户储粮环节的科技和基础设施投入依然是提高农户储粮效率的重点（李慧，2014）。

储粮技术使用不当导致粮食存储质量问题。粮食在存储期间采用粮堆形式，粮库内的生物和非生物成分形成了粮食存储生态系统，系统中的温度、湿度、气体成分、杂质、昆虫、微生物等因素对粮粒的生理、生化变化有着不同的影响，因此需要根据这些粮粒各自影响因素的变化情况选择使用不同的储粮技术。对于储粮技术的选用，《粮油仓储管理办法》和《GB/T 29890 粮油储藏技术规范》给出了明确要求和指导性规定。但在我国湿热地区，部分企业由于选用的储粮技术不当，使粮食出现严重的发霉、结露现象，粮粒易滋生以曲霉和青霉为主的霉菌，不仅使粮食品质劣变加剧，一些产毒霉菌产生的霉菌毒素还带来储粮质量安全隐患（吴存荣，2014）。中国国家粮食和物资储备局的统计显示，中国每年真菌毒素污染造成的粮食损失占粮食总产量的6.2%。联合国粮食与农业组织的数据统计也表明，中国每年因真菌毒素污染造成的粮油损失累计约3100万吨，其中储藏期损失约2100万吨，占总损失的67%，造成粮油产品的直接经济损失高达680亿~850亿元（宋梅，2014）。

滥用化学药剂造成粮食存储污染。不少粮食企业或储户在粮食存储过程中超量使用磷化氢、溴化钾、敌敌畏等熏蒸剂，熏蒸剂的毒性高、吸附性强、残留量大，残留毒素对人畜身体会造成极大伤害。例如，敌敌畏是一种有机磷酸酯类杀虫剂，具有较好的熏蒸、触杀和胃毒作用，由于其向粮堆内的扩散性差，又易被粮食吸附，所以《GB/T 29890 粮油储藏技术规范》和《LS 1212 储粮化学药剂管理和使用规范》明确规定仅适用于空仓、加工厂、包装器材、铺垫材料、实仓空间的杀虫处理。但一些企业为了防治仓储害虫，采取粮面拌和的方式进行熏蒸杀虫，致使粮食中敌敌畏残留超标。敌敌畏等化学药剂，具有较强毒性，药剂使用过量容易在粮食中形成残留，造成粮食质量安全隐患（吴存荣，2014）。

粮库交叉污染带来粮食质量问题。一些粮食经纪人在收购粮食的过程中会租用一些商业仓库作为临时中转仓库，而没有考虑仓库是否存放过剧毒化学物品或其他影响粮食质量的物品，没经过清扫洗刷就存放粮食，导致粮食在多次中转和存储过程中受到交叉污染。并且临时粮库的管理不善也会造成粮食发霉变质，滋生各种真菌毒素，造成粮食质量问题。

陈粮和陈化粮的处理不当。为了套取国家补贴，不少中储粮的地方粮库采用"转圈粮"的方式以陈顶新，将陈粮或陈化粮代替新粮入库①，导致存储粮的质量恶化规模扩大，同时造成新粮不能及时入库，从而带来新粮的发霉变质或受到不同程度的污染等粮食质量问题。

第三节　粮食消费质量安全现状及问题

一、粮食消费质量安全的基本情况

（一）我国居民的粮食质量安全需求增加

根据国际经验，当人均收入达到 6000～12000 美元时，人们对农产品的安全、营养、健康的要求会越来越高（张义博，2016）。2015 年，我国人均 GDP 为 8016 美元，我国居民对粮食质量安全的需求增加。收入水平提高、膳食营养结构改善、城市化进程等因素不断推进我国粮食消费的增长，未来粮食消费总量的增长会持续。与此同时，粮食消费结构正在发生显著变化，口粮消费比重下降但仍占主要地位，未来这一比重会继续下降，城乡居民对口粮的需求由追求数量转变为追求高质量和高品质（骆建忠，2008；孙晶，2015）。现阶段，我国居民对稻谷和小麦等口粮的需求和消费数量均出现下降趋势，对杂粮的消费量正在增加；居民对于粮食加工工艺也有了更高要求，精米和精面成为我国居民的

---

① 2015 年 4 月 17 日，中央电视台《新闻直播间》《焦点访谈》栏目先后报道了辽宁、吉林两省有的粮库在政策性粮食收储和销售出库过程中以陈粮顶新粮，恶意套取价差补贴，严重损害国家、种粮农民利益等问题。详情见《中国青年报》2015 年 04 月 23 日第 02 版记者郝帅的《国家粮食和物资储备局发出紧急通知严厉查处"转圈粮"》的相关报道。

主食，利用现代加工技术制成的强化米、杂粮面，以及一些谷物和动物混合制成的食品也成为人们日常消费的选择，粮食消费的花色和品种越来越丰富（潘月红，2007）。近年来，我国有机粮食快速发展，特别是稻花香、稻花香 2 号有机大米的销售增长迅速，反映了我国粮食消费质量的提升。据中国产业洞察网预测，2015年中国有机农产品消费将达到 248 亿至 594 亿元的市场规模，有机食品将以年均 15% 的速度增长①。

（二）粮食消费质量保障体系逐步建立

首先，我国粮食质量认证体系逐渐完善。例如，随着有机产品受到广大民众青睐，为了保护消费质量安全，国家认证认可监督管理委员会于 2011 年修订了《有机产品认证实施规则》，并制定了《有机产品认证目录》，要求所有的有机食品上市时，在最小的独立包装上，除了贴有机认证标签、认证单位等外，还要贴有机追溯码。同时，我国有机产品认证机构由原先的 36 家减少到了 23 家，保证了产品检测水平。其次，遵循粮食消费质量要求调整农业生产活动，确保粮食消费质量安全。根据农业农村部印发的《全国种植业结构调整规划(2016—2020 年)》，我国将根据消费结构升级的需要，优先发展优质稻米、强筋弱筋小麦、高蛋白大豆等优质粮食；积极发展甜糯玉米、加工型早籼稻、高赖氨酸玉米、高油玉米、高淀粉马铃薯等加工型专用品种；并因地制宜地发展传承农耕文明、保护特色种质资源的水稻，以及有区域特色的杂粮杂豆等具有地理标识的农产品；积极培育知名品牌，为消费者提供营养健康、质量安全的放心农产品。再次，粮食消费品标签包装得到升级。国家卫生健康委员会 2011 年对 2004 版的

---

① 数据来源：中国产业洞察网，http://www.51report.com/news/hot/2014/3034924.html。

《预包装食品标签通则》进行了修改，发布了《预包装食品标签通则》(GB 7718—2011)，同时公布了我国第一个食品营养标签国家标准——《预包装食品营养标签通则》(GB28050—2011)，指导和规范营养标签标示，使粮食消费品标签更加合理规范。根据这些规定，贵州省市场监督管理局于2015年12月至2016年1月抽检出了56批次标签不合格的袋装大米。最后，膳食结构多样化的健康消费模式得到推广。《中国食物与营养发展纲要(2014—2020)》提出要全面普及膳食营养和健康知识，通过加强对居民食物与营养的指导，提高全民营养意识，提倡健康生活方式，树立科学饮食理念；研究设立公众"营养日"和开展食物与营养知识进村(社区)入户活动，并发布适宜不同人群特点的膳食指南，发挥主要媒体对食物与营养知识进行公益宣传的主渠道作用，增强营养知识传播的科学性；加大对食物与营养事业发展的投入，加强流通、餐饮服务等基础设施建设。

二、粮食消费环节存在的质量安全问题

(一)消费环节粮食存放或使用不当导致的质量问题

不同的粮食制品对存放的温度和湿度等条件的要求不同，但这一点经常被消费者所忽视，引起霉变生虫。粮食制品一般都有保质期，打开粮食包装后应尽快食用，但有些消费者没有及时食用导致粮食变质，继续食用则会损害身体健康(雷银生，2015)。也有一些消费者过于节俭，粮食营养知识匮乏，烹饪后的剩饭反复多次食用，或者处理不当导致霉菌滋生，都将带来质量安全隐患。

(二)假冒伪劣粮食产品带来的质量问题

商家缺乏社会责任，粮食品牌鱼目混珠，标识不清，假冒伪

劣产品横行于市导致消费者对粮食制品真假难辨，损害消费权益。例如，多家媒体报道，我国不少超市经常以特价促销方式销售散装大米，并给散装大米冠以优质大米的名称，但散装大米几乎都是新米和陈米掺兑而成。不少超市并没有对散装大米进行产品信息标明（卓悦佳，2013）。目前大部分大米包装上普遍标有加工出厂日期、产地、保质期、大米等级，但无稻谷收割日期，新米陈米难以分辨（郭铁，2015）。我国稻花香、黄金晴等品牌大米都曾饱受假冒伪劣、以次充好之害，品牌屡遭重创，导致市场低迷（许莹莹，2015；冯会玲，2015）。

（三）消费者追求精白的粮食制品带来的营养安全问题

市面上有不同等级的大米，不少市民认为价格高的一级大米营养价值高，但实际上大米的等级与营养价值不成正比。根据大米标准（GB1354—2009），大米的等级是按照加工精度进行划分的，一级大米表现为背沟无皮，或有皮不成线，米胚和粒面皮层去净的占90%以上；二级大米为背沟有皮，米胚和粒面皮层去净的占85%以上；三级大米为背沟有皮，粒面皮层残留不超过1/5的占80%以上的大米；四级大米为背沟有皮，粒面皮层残留不超过1/3的占75%以上的大米。从大米加工行业情况来看，2012年一级和二级大米产量合计8024万吨，占大米总量的90.3%，精细大米占消费主流。湖南粮食集团副总裁张九龄在接受记者采访时表示，由于消费者追求色泽美观、通透白净的大米，导致大米过度加工现象普遍，而手感较粗、表面呈灰白色的健康营养大米其实是米厂减少过度加工流程生产出来的，但这种米在市场上并不走俏（刘勇，2014）。

（四）消费者对粮食质量安全管理参与度不高带来的质量问题

消费者获得的粮食质量和营养知识极为有限。我国粮食质量和营养知识的推广效果不明显。管伟举等(2015)指出,据不完全统计,自2006年开展粮食科技活动周以来,历届活动周期间各省共设立展板12240张,发放相关宣传资料1970万份,累计接受咨询155余万人次,受众1253余万人,但我国粮食科学普及工作存在宣传内容不广泛、科学普及资源少、宣传形式缺乏创新、宣传效果和宣传的持续性不强等问题。消费者难于进行粮食质量检测,粮食消费质量安全的社会参与度不高。目前,虽然某些地区进行了食用农产品快速检测试点,但是试点数量占比过少,难以满足消费者对质量进行检测的需求(米燕,2016)。由于设备成本高、检测技术要求专业操作等原因,一般食品检测部门不接受消费者送检要求,消费者获得粮食质量检测结果的门槛高。有记者的调查显示,消费者积极参与到食品安全的共治之中的最大障碍就是检测(杜萌,2014)。我国消费者对高品质的粮食需求旺盛,但是知识受限,也不愿意为之支付高额费用。从我国的大米销售品种来看,中低档大米是市场销售的主体,市面上高端大米数量不多,中低档大米成为我国大米加工企业激烈竞争的市场(王盟,2015)。很多消费者虽然对粮食品质有了更高的需求,但由于信息不对称,害怕自己吃亏上当,并不愿为之花费更高的价格。

第五章 消费者的粮食消费特征及对粮食质量安全的评价

从供给侧角度确保粮食质量安全，是以了解市场需求为前提的。上一章对我国粮食质量安全现状及问题进行了客观描述。接下来，这一章要从市场的角度对粮食质量安全的效果进行评价。消费者的粮食消费特征及对粮食质量安全的评价能折射出我国粮食质量安全的效果。消费者的粮食消费行为在很大程度上体现了他们对粮食消费的要求，消费者对粮食质量安全的评价能间接反映我国在保障粮食质量安全方面的成效。考虑到粮食质量安全是以满足市场需求为最终目标的，消费者对粮食质量安全的感知及评价对于目标的实现极为重要。因此，本章对中国消费者进行了深入访谈调查，了解全国居民对中国粮食质量安全的感知及评价。

第一节 数据获取方法及被调查者的人口学特征

一、数据获取方法

为了获得比较详尽的数据资料，我们采用了深度访谈方法获得第一手资料。深度访谈方法是社会科学质性研究的一种主要方法，它通过与被访谈者深入交谈来了解某一社会群体的生活经历和生活方式，探讨特定社会现象的形成过程，并提出解决社会问题的思路和方法（孙晓娥，2012）。深度访谈方法的主要优点是，它们提供的信息比通过其他数据收集方法（例如调查）提供的信息更详细，这种方法提供了一个更放松的气氛，在收集信息的过程中能让受访者感到更舒适地与你谈论他们的想法和经历，而不是填写调查问卷（Boyce 和 Neale，2006）。

我们在大学招募了 32 名访谈志愿者，并对他们进行了为期两周的深入访谈方法培训，共同设计和讨论访谈的基本内容框架和实地访谈注意事项。这些访谈志愿者于 2016 年 1 月至 3 月在中国 29 个省份（除青海和西藏之外的中国大陆省份）进行了深入访谈调查，每个省份选取 2~6 个被调查者。142 名来自访谈志愿者的家乡或所在省份其他地区的受访者接受了我们的采访，他们具有不同的社会经济背景，包含来自农村和城市的各个年龄和各种受教育水平的中国居民，并且他们都是管理家庭柴米油盐的主要负责人。志愿者采用开放式问题对他们进行了粮食消费方面的访谈，每位受访者的访谈时间为 30~80 分钟，地点为社区广场或居民家中，访谈内容主要包括粮食消费爱好和经历、粮食购买决策、粮食消费影响因素和评价等方面。

二、被调查者的人口学特征

从表 5-1 中可以看出，来自城市和农村的被调查者各占一半。这与国家统计局的数据存在差异，国家统计局统计的中，2015 年的数据中有 57% 的人口居住在城市，43% 的人口居住在农村（国家统计局，2016）。形成这一差异的主要原因是我们的调查口径与国家统计局不同，我们将一部分在农村出生但在城市学习或长期工作的居民也作为农村居民进行统计。从家庭夫妻分工来看，"男主外女主内" 在中国家庭很普遍，家庭的食物管理一般由女人负责。现阶段，这种分工模式正在逐渐发生改变，但仍是中国家庭的主要模式。我们的采访中，负责管理家庭食物的女性占77%，男性仅占23%；这些受访者年龄范围在22岁至84岁，他们的受教育水平可分为低学历（30%）、中等学历（47%）和高等学历（23%）；大多数家庭由3~4个成员组成，因为中国生育政策已由过去的独生子女政策转变为二孩政策[①]。另外，在很大程度上，家庭成员规模与老年人是否与子女同住有关系。当老年人独自生活时，家庭成员数一般为1~2人；而老年人与子女同住的家庭成员数为5~8人。大多数受访者不是自己种植粮食，仅有44个来自农村的被调查者宣称他们自己种植粮食。

表5-1 受访者的基本情况

省/自治区/直辖市	性别（女=F，男=M）	年龄范围（岁）	受教育水平（小学及以下=L，初中及高中=M，大专及本科以上=H）	每户家庭人口数	居民类型（农村居民=R，城市居民=U）	作为主食的口粮	是否自己种植粮食（是=Y，否=N）
新疆	F=2 M=1	36~71	L=1 M=2	2~5	R=1 U=2	小麦、大米	N=3
宁夏	F=3	42~60	M=3	4	R=3	小麦	Y=3
内蒙古	F=3 M=3	26~69	L=2 M=3 H=1	4~8	R=2 U=4	小麦、大米	Y=1 N=5
甘肃	F=6	23~73	L=3 H=3	1~5	R=3 U=3	小麦、荞麦、大米	Y=1 N=5

[①] 2011年11月，中国各地全面实施双独二孩政策；2013年12月，中国实施单独二孩政策；2015年10月，中国共产党第十八届中央委员会第五次全体会议公报指出：坚持计划生育基本国策，积极开展应对人口老龄化行动，实施全面二孩政策。

续表 5 - 1

省/自治区/直辖市	性别(女=F，男=M)	年龄范围(岁)	受教育水平(小学及以下=L，初中及高中=M，大专及本科以上=H)	每户家庭人口数	居民类型(农村居民=R，城市居民=U)	作为主食的口粮	是否自己种植粮食(是=Y，否=N)
陕西	F = 1 M = 2	28 ~ 62	L = 1 M = 1 H = 1	3 ~ 4	R = 2 U = 1	小麦、玉米、大米	Y = 2 N = 1
黑龙江	F = 5	29 ~ 77	L = 1 M = 3 H = 1	1 ~ 5	R = 2 U = 3	大米、小麦	Y = 1 N = 4
吉林	F = 6	40 ~ 76	L = 3 M = 3	4 ~ 6	R = 3 U = 3	大米、小麦、玉米	Y = 3 N = 3
辽宁	F = 4 M = 1	42 ~ 70	L = 2 M = 1 H = 2	2 ~ 6	R = 3 U = 2	大米、小麦	Y = 2 N = 3
河北	F = 6	22 ~ 71	L = 3 M = 2 H = 1	3 ~ 6	R = 3 U = 3	小麦、大米	Y = 2 N = 4
天津	F = 3	39 ~ 61	M = 3	3 ~ 6	R = 3	小麦、大米	Y = 2 N = 1
北京	F = 1 M = 1	31 ~ 46	M = 1 H = 1	2 ~ 4	R = 1 U = 1	小麦、大米	N = 2
山西	F = 2 M = 1	40 ~ 72	L = 2 M = 1	2 ~ 4	R = 3	小麦、玉米	Y = 3
山东	F = 6	29 ~ 61	L = 1 M = 3 H = 2	2 ~ 4	R = 3 U = 3	小麦、玉米	Y = 2 N = 4

续表 5－1

省/自治区/直辖市	性别(女=F, 男=M)	年龄范围(岁)	受教育水平(小学及以下=L, 初中及高中=M, 大专及本科以上=H)	每户家庭人口数	居民类型(农村居民=R, 城市居民=U)	作为主食的口粮	是否自己种植粮食(是=Y, 否=N)
河南	F=2 M=4	22~68	M=4 H=2	2~6	R=3 U=3	小麦、大米	Y=3 N=3
安徽	F=4 M=2	29~78	L=3 M=2 H=1	2~4	R=3 U=3	大米、小麦	Y=2 N=4
湖北	F=5 M=2	22~77	L=1 M=3 H=3	3~5	R=3 U=3	大米	N=7
湖南	F=3 M=3	26~84	L=2 M=2 H=2	3~5	R=2 U=4	大米	Y=2 N=4
江西	F=3 M=2	29~67	L=3 M=2	2~3	R=2 U=3	大米	Y=2 N=3
浙江	F=3	27~73	L=1 M=1 H=1	2~3	U=3	大米	N=3
上海	M=2	49~75	L=1 M=1	2~3	U=2	大米	N=2
江苏	F=3 M=2	28~74	L=1 M=2 H=2	3~5	R=2 U=3	大米	Y=1 N=4

续表 5 - 1

省/自治区/直辖市	性别(女=F,男=M)	年龄范围(岁)	受教育水平(小学及以下=L,初中及高中=M,大专及本科以上=H)	每户家庭人口数	居民类型(农村居民=R,城市居民=U)	作为主食的口粮	是否自己种植粮食(是=Y,否=N)
福建	F=4 M=1	40~60	L=3 M=2	2~7	R=3 U=3	大米	Y=2 N=3
广东	F=5	34~66	L=1 M=2 H=2	4~7	R=4 U=1	大米	Y=1 N=4
广西	F=6 M=1	30~70	L=1 M=5 H=1	2~7	R=3 U=4	大米	Y=3 N=4
重庆	F=4 M=1	22~72	L=1 M=2 H=2	2~4	R=3 U=2	大米	N=5
贵州	F=6	30~72	L=1 M=4 H=1	3~7	R=3 U=3	大米	Y=1 N=5
四川	F=4 M=2	23~77	L=3 M=3	2~4	R=3 U=3	大米	Y=3 N=3
云南	F=6	21~70	L=1 M=3 H=2	2~5	R=3 U=3	大米	Y=1 N=5
海南	F=3 M=2	26~66	L=1 M=3 H=1	3~6	R=2 U=4	大米	Y=1 N=4

资料来源:深度访谈调查数据统计。

第二节　被调查者的粮食消费特征

一、粮食消费品种选择

大米和小麦制品是中国人的主食。南方消费者一般有吃大米的习惯，北方消费者偏爱以小麦为原料制作的各种食物。但是这种现象随着人口迁移和经济发展正在悄然发生改变。我们的调查很好地反映了这一点。从表5-1中，我们可以发现，除了东北三省，其他北方的省份虽仍以小麦制品为主食，但玉米和大米已可以作为小麦的替代食物。对于南方人来说，从古至今，大米都是他们主食的首选，但有时他们也会吃一些其他的食物来代替大米，例如他们会将面食或杂粮等作为早餐的选择。

二、采购粮食的地点选择

受访者认为便利、品种多和价格实惠是影响他们采购地点的主要因素。在我们的采访中，大约51%的消费者从超市或杂货店购买粮食，因为这些地方的粮食价格实惠且品种齐全。来自贵州省遵义市的杨女士(48岁，城市居民)对此进行了口述："超市的粮食质量有保证，因此我不担心类似于掺假等质量问题。超市经常有促销活动，我可以得到比较实惠的价格。特别是一些大型超市粮食的品种很齐全，我有更多的选择。"有16%的被调查者选择在粮油店进行购买，因为粮油店能提供上门服务，粮食品种比一般超市和杂货店更齐全。正如来自内蒙古呼和浩特市的宋女士(36岁，城市居民)所说，"粮油店就在我居住的社区里面，粮食品种比杂货店多，我觉得很方便。粮油店的价格同超市差不多，但是它能提供送货上门服务，超市一般没有这种服务。送货上门服务对于我来说太重要了，扛一袋米回家对我来说太难了"。另外，也有一些人从他们农村的亲友那里采购粮食。他们认为通过这种方式得到的粮食更加健康安全，因为他们相信从农村亲友那采购的粮食是在没有污染或者污染很少的环境里种植的。来自海南省的韩小姐(26 岁，农村居民)告诉我们，"我从农村的亲戚那买粮食，我的亲戚会把最好的米留给我，他们的大米价格低且质量好，我不用担心大米的质量安全。有时，我农村的一些亲友会告诉我哪里有高质量的大米卖，这个信息对我很重要"。

三、选购粮食的主要考虑因素

我们在采访中发现，大多数受访者在选购粮食时都会考虑多种因素。44% 的受访者说他们选购粮食时首先考虑粮食质量，一般通过观察生产日期、生产地、品牌、价格和口感来判断粮食质量。超过 60% 的受访者会在选购粮食时考虑价格，但只有 15% 的受访者将价格作为首选考虑因素，因为他们的收入极其有限或者他们过去曾经历贫穷岁月。除了价格，粮食的口感、产地和品种被超过 34% 的受访者所考虑。来自北京昌平区的郭女士(46 岁，农村居民)对此进行了解释，"我主要关注粮食的品牌，不是价格。我对大米的质量比较挑剔，一般选择泰国大米，因为这种米外观漂亮，没有霉菌，闻起来也很香"。

四、消费者辨别粮食质量的方法选择

在我们的采访中，不少有经验的受访者采用看、闻和品尝的综合方法来判断粮食质量。他们观察粮食的物理性质(含杂质的情况，破损率，颜色和外形)、蒸煮性质(蒸煮的难易程度，粮食的黏性和膨胀能力)和粮食的品牌或产地；在购买前和烹饪后闻粮食的香味；品尝蒸煮后的粮食味道。我们的访谈结果显示消费者经常采用的判断粮食质量的方式主要有：64% 的受访者采用了品尝的方式，40% 的受访者采用了观察颜色和外形的方式，31% 的受访者使用了观察粮食产地或品牌的方式。还有一些受访者会在清洗粮食时观察水的颜色变化，以此来判断粮食质量。新疆维

吾尔自治区图木舒克市的一些受访者对于粮食质量判断进行了详细的说明。丁女士（71岁，城市居民）说："我通常采用观察粮食颜色、产地和味道来判断其质量。有点发霉的陈米看起来有点黑。更白的大米尝起来更好吃，但是更有营养的大米一般没有好看的颜色，因为这种米的外膜没有被破坏掉。"詹女士（45岁，农村居民）的看法不一样，她告诉我们："我认为东北地区的长粒米质量更好。我选购大米时，会检查大米的杂质和碎米情况，观察大米的生产日期，并在蒸煮后品尝大米的味道以判断大米的质量。"这种采访结果同 Anwar Naseem 等（2013）的研究发现很相似。

我们也发现，在判断粮食质量上，年轻人比中年人和老年人经验少。有48%的年龄21~30岁的受访者宣称他们缺乏经验，一般是从亲友那借鉴经验，或者从互联网和电视中寻找相关信息。正如浙江省杭州市吴女士（27岁，城市居民）所说，"我不知道怎样判断粮食质量，对于这个没有经验。我个人偏好泰国香米，因为更好吃。我从电视上学到了一些方法来判断粮食质量，例如掺假的大米（加工后的陈米或掺入陈米的新米）具有更多的碎米粒，洗米的时候，水面会浮着一层油星"。

五、选择国内粮食还是国外粮食的态度

我们的调查结果发现，受访者的受教育水平显著影响着消费者选择国内粮食还是国外粮食的态度。根据图5-1，68%的受访者选择购买国内粮食，其中大多是来自农村的接受中低等教育的群体，更倾向于购买国内粮食，或者是由于比较强的民族主义，或者对国内粮食更加有信心，因为获得国内粮食的相关信息更加方便。他们批评国外粮食的供应链长度太长，导致购买风险更大，例如由于缺乏先验知识，不新鲜或者转基因粮食可能会被购买。然而，有23%的受访者选择购买国外粮食，其中大多来自城市地区，并且接受过高等教育，感觉外国粮食比国内粮食更安

全，因为国外具有更加严格的监管制度。正如上海的黄先生（49岁，城市居民）所说，"中国爆发食品丑闻好多年，严重挫伤了消费者对我国食物的信心和信任，我更喜欢购买来自日本、韩国、泰国的大米，因为国外大米更加安全，并且价格可以接受"。

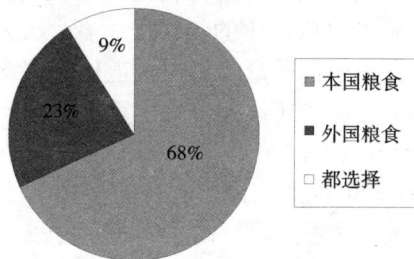

图 5 - 1　对国内粮食还是国外粮食的选择

第三节　消费者对粮食质量安全现状的感知及评价

一、消费者对粮食生产质量安全的感知及评价

几十年前，中国为了增加粮食产量，积极地进行"绿色革命"，粮食生产方式有了戏剧性改变（Briggs，2009）。由于化肥和农药的泛滥，中国遭受了种植环境恶化和粮食质量下降的恶果。图 5 - 2 的官方数据揭示，在最近 20 年，中国农药化肥的使用增长超过了 60%（中国统计年鉴，2014）。"绿色革命"的严重后果表现为通过突破自然的限制和变化以增加产量，引起民众对粮食质量和营养的怀疑，这一观点体现在 Vandana Shiva（2016）的《绿色革命对第三世界农业和生态的暴力》一书中。我们的受访者，特别是粮食种植者，也认为随着农药的用量越来越大，中国粮食存在大量的农药残留。在回答问题"相比过去传统的种植方式，

目前的粮食质量有什么变化?"时(见图5-3),42%的受访者强调过度的农药残留导致粮食安全性下降,以及化肥的使用令粮食香味减少,相比过去,粮食质量变糟。但有33%的受访者表示,相比之前,技术的进步使得粮食的品种增多,质量更好。而11%的受访者持中立态度。其余人对粮食生产变化的看法很微弱,特别是在农药化肥普及之后出生的年轻受访者,认为粮食质量没有变化,虽然目前有关粮食质量的丑闻报道比过去多。除了感知到农药和化肥泛滥,受访者还认为粮食中重金属的问题比过去更严重。来自江西抚州的何先生(29岁,城市居民)接受采访时表示:"今年,我问过种植粮食的亲戚,农药的使用是不是比之前更多了,他们回答是的,并还向我反映了另外一个忧心的问题,本地引进了一些工厂,排放大量的污水,他们担心本地的水土已经被污染了,当地的粮食重金属残留可能超标。听了这件事情后,我认为粮食没有安全性可言,我能做的事就是努力锻炼身体以抵御这些危险,或者选择购买进口粮食。"

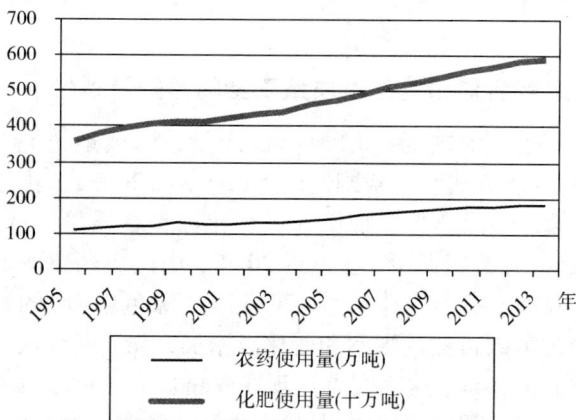

图5-2　中国的农药和化肥使用情况

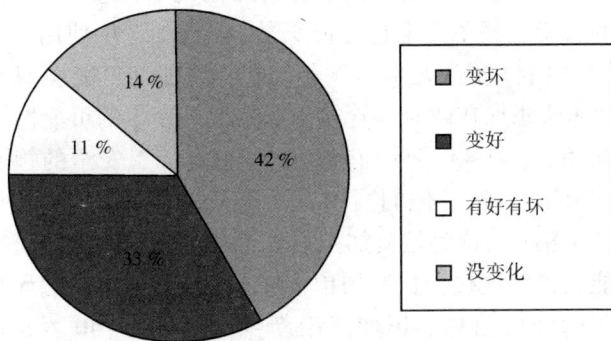

图 5 – 3 消费者对粮食质量变化的评价

二、消费者对粮食加工质量安全的感知及评价

当前，为了增加销量和利润，不少加工企业在缺乏有效监管的情况下，使用一些不正当的加工方式迎合消费者对粮食"物美价廉"的要求（魏盼生，2012）。在我们的采访中，超过半数的受访者认为由于粮食加工不合理，导致粮食质量下降。粮食的不合理加工包括加工企业使用过量的添加剂以改进粮食的外观和口感，加工过程掺假和添加有毒物质以防虫防霉等。但是对于这些担心，大多数受访者不知道如何保护自己免受粮食加工存在的风险（Roberts，2013）。正如来自广西南宁的李先生（66 岁，城市居民）所说，"当我年轻时，粮食加工采用粗加工方法，粮食更加有营养。现在粮食普遍进行深加工，深加工后的粮食有更好的口感，更利于肠胃吸收，但是粮食的营养成分下降了，这对健康不利。因为我自己不加工粮食，也没有辨别加工安全性的知识，对于目前的粮食加工问题，我无能为力。"黑龙江省佳木斯市的侯女士（49 岁，农村居民）反映了另外一个粮食加工问题，她说："事

实上，很多加工厂采用涂膜技术得到强化大米，这种米不同于传统加工的大米。我不确定它是否安全，因为加工厂使用一些添加剂(例如增白剂)改善大米的颜色，这些添加剂可能会对身体有害，这种非法添加在政府监管缺失的情况下发生的可能性很大。"

与此相反，有49名受访者认为对粮食加工安全的担心是没必要的(见图5-4)。他们当中有一部分人来自农村，并且自己种植和加工粮食，认为粮食加工是安全的。另外一部分人则宣称他们只能无条件地接受目前的粮食加工方式，因为他们无从知道粮食加工的任何信息。正如河南新乡的李先生(40岁，农村居民)所说，"我的主食是小麦制品，我吃的粮食大部分是我自己种的，我将小麦直接送到面粉厂加工成面粉，这比我从市场得到面粉更加便利和安全，因此我并不担心粮食加工质量问题。即使我不种植和加工小麦，我也不担心，因为担心也没有用，我不知道用什么办法解决它"。

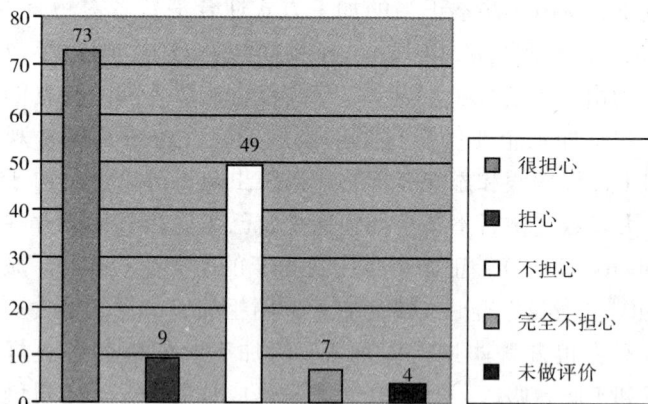

图5-4 对粮食加工的担心程度

三、消费者对转基因粮食的感知及评价

已经有研究显示我国消费者对购买转基因食物的意愿很低（冯良宣等，2012）。付丽丽（2016）报道的由科技日报社和中国科学技术发展战略研究院组织的"公众对转基因技术的态度调查"报告结果显示，中国居民对转基因的接受度近年来呈持续快速下滑趋势，65.2%的受访者明确反对推广种植转基因水稻，仅25.7%的受访者是推广种植转基因水稻的支持者。此次调查负责人何光喜说："中国居民对转基因接受度下降的形成原因有两个，一是公众对转基因知识的不了解或误解（听信谣言），二是公众对管理部门和科学共同体的普遍不信任。"

我们的采访揭示了相似的结论。在中国，大多数消费者，特别是农村居民，由于对转基因食物知识的严重匮乏而导致他们不能对转基因食物做出评价。除了个别受过高等教育的受访者，大多数受访者虽然听说过转基因大豆和玉米，但是他们不了解转基因技术应用于食物生产的整个过程。一些受访者认为政府与媒体对转基因食物相反的评论增加了他们对转基因食物的疑惑。表5-2显示，51%的受访者由于转基因知识的缺乏，认为转基因粮食、水果和蔬菜可能对健康有害（例如降低生育能力或致癌），他们难以接受转基因食物。来自湖南的刘先生（33岁，城市居民）在采访中表达了自己的看法："我对转基因食物表示怀疑。转基因食物在没有得到可靠的测试之前，是不应该推荐供人类消费的。我听说中国很多大豆油是用转基因大豆加工而成的。我也听说了农村老家的猪由于食用转基因玉米后没有了生育能力。虽然我不能证实这是否是真事，但我还是对转基因食物的安全性比较担心。毕竟，转基因食物不是天然的，有报道称在一些国家转基因食物被要求贴上标签。"来自河南安阳的郭先生（68岁，城市居民）也不同意购买转基因食物，他说："我个人不能辨别转基因

食物的好坏，因为我缺乏相关知识。我了解到有些社会媒体争议转基因食物的安全性。出于安全考虑，我不会食用转基因食物。"

表5-2 对转基因食物的态度

态度	受访者占比	原因
反对	51%（73/142）	由于缺乏转基因食物的相关知识，对转基因食物具有害怕心理； 媒体或朋友认为转基因食物是有害的； 转基因食物不是天然食物； 在一些国家，转基因食物要求贴上标签； 目前不孕症和癌症的发生率上升被认为同食用转基因食物有关
中立	13%（18/142）	拥有的转基因食物的相关知识比较少； 任何食物都具有好的一面和坏的一面； 关于转基因食物是否对健康有害还没有定论
支持	6%（8/142）	政府提倡合格转基因食物； 应鼓励技术改革； 认为转基因食物是安全的
不做评价	30%（43/142）	对转基因食物缺乏了解或者对转基因食物不感兴趣

资料来源：深度访谈调查数据统计。

恰恰相反，有6%的受访者表示支持转基因食物在中国的发展。安徽省淮北市的杨先生(47岁，城市居民)接受采访时表示："我支持转基因食物，认为转基因食物是中国未来的一个发展方向。因为这种食物采用新技术，比其他食物具有更多优势。转基因食物的产量更高，但投入(例如农药)更少。而且，中国政府在中央电视台新闻频道鼓励和试着推广转基因技术。目前，转基因食物不安全是缺乏证据的。"还有13%的受访者对于转基因食物持中立态度。来自天津的张女士表示："我对转基因食物知道的不多。我认为转基因应该对健康没有什么大的影响。毕竟，在中国转基因食物还不普遍。转基因技术还在探索发展阶段，转基因食物对人类健康是否有害也没有定论。对于我来说，我不会吃转基因食物，但我不反对它。"

第四节　影响消费者对粮食质量安全的感知及评价的主要因素

一、知识匮乏

在我们的采访中，不少受访者表示知识的贫乏影响他们对粮食质量安全的评价。例如，他们对于粮食营养、转基因食物和对专家所说的粮食质量安全有不同的理解。根据 Bore（2005）的调查发现，大多数专家对公众面对食品风险问题的理解、对食品风险的评估、处理科学信息的能力及其食品安全实践等方面缺乏信心。在我们采访有关对转基因食物的评价时，大约79%的受访者表明他们对转基因食物缺乏认知，48%的年轻人（年龄在 21～30 岁之间）承认他们缺乏有关粮食质量安全的知识和判断经验。

另外，当我们调查消费者对粮食营养的认知时，我们向受访者提出"你觉得哪种粮食更营养?"的问题，结果发现公众对营养的理解与专家存在很大差异。有专家称，在过去几年中，几个流行病学研究表明，粗加工的粮食有助于减少几种慢性疾病，如癌症、心血管疾病、Ⅱ型糖尿病和各种胃肠道疾病（Kaur et al. 2014）。在我们的采访中（见图 5－5），仅有 25% 的受访者认为粗加工的粮食更有营养，他们怀念过去的饮食习惯，认为当代的精细饮食可能会导致各种慢性病，例如糖尿病和心脏病。20%的受访者则不关注粮食的加工程度，宣称他们缺乏单一粮食品种的营养知识，认为不同的粮食有不同的营养价值，来自各种粮食的营养均衡比评价单一的粮食营养更加重要。有46%的受访者，特别是来自农村的居民，认为自己最喜欢吃的口粮最有营养。而9%的受访者将绿色粮食作为营养粮食来理解，他们认为没有污染、浅加工、化肥农药使用少、非转基因的粮食就是绿色粮食。

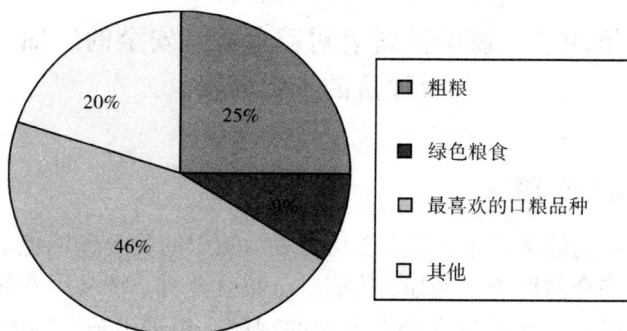

图5-5 关于哪种粮食更有营养的观点

二、种植环境恶化

种植环境恶化是影响消费者粮食质量安全评价的重要原因。我们通过采访消费者对种植环境改变的感知，发现一些受访者，特别是农村居民，认为在过去几十年中生态环境变坏了，并且伴随着越来越高的与食物相关的慢性病和癌症发生率。这一结果被其他研究者所证实。Lu等（2015）研究发现，在一些地区，污水灌溉的长期使用导致农田和粮食被严重污染，特别是重金属污染；农药的过量使用和重金属污染导致"癌症村"的产生，这些

"癌症村"主要分布在粮食主产区。正如甘肃庆阳的连女士所说，"农药和化肥的过度使用污染了农田，给粮食生产带来的负面影响越来越大。当我年轻时，粮食是更健康更安全的，尽管那时粮食品种比较少，那时农民种植粮食都使用农家肥种田，而不是化肥。现在，我发现癌症的发生率比过去高，这种情况可能同食物不安全相关，不少粮食在受污染的农田进行种植。我曾在中央电视台看过发生在中国中南部地区的重金属污染报道，我感觉我们吃的东西越来越不安全，得癌症的可能性也更高"。

三、对食品质量监管现状的失望

对食品质量监管的失望加剧了消费者对粮食质量安全的焦虑。消费者的信心经常受到食品丑闻报道的影响。文献表明，中国的许多食品安全问题和丑闻最初是由媒体发现的，而不是通过政府官方公布的(Peng, 2015)。这种情况导致消费者对政府产生了更大的不信任。大约57%的受访者在我们采访中认为，他们对我国政府的食品监管低效率、执法不严格、对不安全粮食的事前监测和检测缺失表示失望。对于大多数农村居民来说，他们感觉农村的政府食品质量监管是被忽略的，很难理解在食品质量监管中政府所扮演的角色。正如广东省河源市的吴女士(34岁，农村居民)所说："我不知道政府还做了什么，除了给我们补贴以鼓励生产，他们从来没有调查过我种植什么，也不关注我种植的粮食是否安全。"来自江西省抚州市的李女士(67岁，农村居民)也有类似的观点，她告诉我们，"我真不知道政府在食物质量监管方面做了什么事情，即便我出售农药超标的粮食也没有人管。政府应该增加对不安全粮食的监管强度，避免这些粮食流入市场"。

城市居民也埋怨政府食品质量监管无效率导致食品不安全事件频频发生。他们觉得个人力量太渺小以致没法阻止不安全食物的发生，因为他们缺乏相关知识。他们希望我国政府能够借鉴国外食品质量监管经验，以确保我国粮食质量安全。来自福建省福州市的侯先生(57岁，城市居民)说："很多时候，中国缺乏事前监管，我们的政府在食品不安全事件发生之前做得太少。低效率的食品质量监管导致越来越多的食品丑闻被发现。有时，我们对政府的建议也得不到采纳，因为缺乏有效的沟通机制。"

四、来自社会媒体的错误报道

在中国，消费者要证实新闻报道是否属实是非常困难的。有些社会媒体为了增加网站点击量，在食品丑闻曝光后，会故意制造虚假新闻引起消费者恐慌。在2015第七届中国食品安全论坛上，中山大学传播与设计学院院长张志安发布的《中国网民食品安全认知研究报告2015》指出，2012年至2014年的中国食品类安全事件中存在着15.93%的虚假信息(王林，2015)。经济日报社社长徐如俊在"勇担媒体责任，抵制食安谣言"媒体责任论坛也指出，为了吸引眼球、抢夺点击率，一些社交媒体和自媒体故弄玄虚、断章取义甚至歪曲事实的现象时有发生，而与民众生活息息相关的食品安全领域，常常成为某些缺少操守者制造恐慌的重灾区，对此，主流媒体应勇敢承担责任，抵制食品安全谣言(李方，2016)。由中国社会科学院和社会科学文献出版社共同发布的《新媒体蓝皮书：中国新媒体发展报告No.7(2016)》指出，超过60%的受访者表示自己在微信上遇到的疑似谣言最多，而最为普遍的谣言都聚焦在健康养生、食物安全和个人安全等方面，70%的受访者对谣言持"宁可信其有"的态度(孙乐琪，2016)。一些研究也显示，社会媒体经常被视为危机时期的谣言制造工厂，它们创造不信任感致使一些危机管理者很难改变大众原有的看法和误解(Tanaka et al.，2013)。

我们的调查也证实了这一点。例如，在上文中提到的来自河南安阳的郭先生，他宣称自己怀疑社会媒体对转基因食物的报道，但是他还是倾向于相信这种报道，不会去购买转基因食物。我们采访的大多数受访者也表示他们会选择相信有关食物质量安全的负面报道，因为他们不知道怎样识别真相。正如来自北京市的李先生（33 岁，城市居民）所说，"如今的有关食品事件的负面报道比过去多。许多食品丑闻最初被媒体进行揭露，有些媒体的报道使政府不得不出面辟谣。一些媒体，在经济利益的驱使下，制造一些虚假新闻或者扭曲事件事实，引起公众恐慌。但是，辨别真相是很难的，因为来自科学家和政府的实证反应比较慢，我又没有知识和经验来识别谣言。因此，为了降低风险，我选择先相信有关食品事件的报道"。

五、对食品不安全事件的关注度

消费者对食品不安全事件的关注程度也在一定程度上影响着消费者对食品安全的感知与评价。在我们的采访中，很多受访者反映现在的食品不安全事件报道比过去多，这些事件大多是基于经济利益驱使形成的。食品不安全事件报道越多，消费者对食品质量的担心就越多。在表 5－3 中，有 58% 的受访者通过电视、新闻报纸和互联网关注食品不安全事件，例如食品生产和加工过程的掺假、恶劣的生产和加工环境报道。消费者对于食品不安全事件的关注度会因他们第一个孩子的出生（Qiao 等，2012）、亲友的重病或死亡、遭受不安全食物消费经历而增加。14% 的受访者偶尔关注这些事件，主要通过朋友间的闲谈或社会媒体，还有28% 的受访者不关注食品不安全事件。已有的文献也显示，被食品欺诈或经济利益驱使的掺假等人类故意行为造成的灾难报道，会增加人们对食物安全的担忧（Everstine 等，2013；Moore 等，2012；Tähkäpää 等，2015；Zhang 和 Xue，2016）。我们的许多受访者表示，他们通过关注那些食品不安全事件报道，知道了哪些食物存在不安全风险，因而选择避开那些食物。

表 5-3　消费者对食品不安全事件报道的关注度

关注度	受访者数量（占比）	关注渠道选择	关注的内容
很关注	83（58%）	中央电视台新闻频道和3·15晚会，本地电视台的都市频道和乡村频道，报纸和互联网新闻	食物的掺假（例如非法使用地沟油，猪肉中添加瘦肉精）；落后和脏乱的生产和加工环境；不健康的儿童食物（例如毒奶粉，非法使用添加剂的儿童零食）
偶尔关注	20（14%）	闲谈或者社会媒体平台	
不关注	39（28%）	—	—

资料来源：深度访谈调查数据统计。

第六章 中国粮食质量安全问题的
形成机理分析

从我国粮食质量安全现状与问题，以及消费者对粮食质量安全的评价结果来看，我国粮食质量安全水平还有待大幅度提高。提高粮食质量安全水平，需要对粮食质量安全问题的形成机理进行分析。本章首先从经济、技术、政府、市场四个层面分析了导致粮食质量安全问题的现实因素，然后运用市场失灵理论和政府规制理论分析了粮食质量安全问题的形成过程。

第一节 粮食质量安全问题形成的现实因素分析

当前粮食质量安全问题的形成，是各种现实因素长期作用后产生的结果。这些因素包括经济、技术、政府和市场四个层面的因素。工业化和城镇化是影响粮食质量的主要经济层面因素；绿色革命是影响粮食质量的技术层面因素；粮食收购政策、土地政策和财政分权制度等是影响粮食质量的政府层面因素；供给者和消费者的整体素质和质量安全认知是影响粮食质量的市场层面因素(如图6－1所示)。这四个层面的因素共同导致了我国粮食质量安全问题。

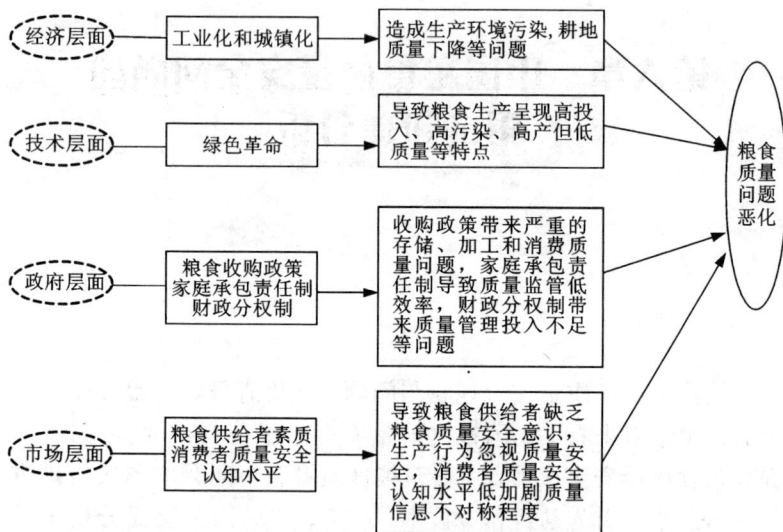

图 6 – 1　现实因素对粮食质量安全的影响

一、工业化和城镇化带来的影响

（一）工业化和城镇化导致耕地质量等级降低

在过去的二十年，虽然气候变化影响了农田的变化，政策调节和经济驱动力仍然是中国土地利用变化的主要原因（刘纪远等，2014）。工业化和城镇化发展，影响了粮食播种面积的变化，也改变了各地区的粮食生产潜能。1999 年以后，中部与西部地区播种面积由扩大变为明显下降，但其下降幅度小于东部地区；中部地区耕地撂荒案例最多，涉及地域最广，东部地区次之，西部地区相对较少；东部地区的耕地撂荒现象主要出现在 1992—1995 年，而中部地区高度集中在 1998—2002 年，西部地区耕地撂荒的时间分布较为均匀，没有高度集中出现的特点（刘成武、李秀彬，2006）。刘洛等（2015）的研究揭示，农田的时空变化显著影响着粮食生产潜能的变化。他们的研究结果显示，从粮食生产潜能来看，我国单位生产潜力高的地区主要分布在华南和长江中下游地区，华东地区的总产量较高，而西北地区的产量较低。但1990—2010年的农田变化，导致中国南方总生产潜力下降，北部生产潜力上升，同时粮食生产潜力的增长中心从中国东北部逐渐向中国西北部转移。1990—2000年生产潜力净增长量为1011万吨，主要分布在东北平原和中国北方干旱半干旱地区；2000—2010年生产潜力净减少量为1308万吨，主要分布在长江中下游地区和黄淮海平原。生产潜力增加的原因可能是由于草原、林地和未使用的土地增加，生产潜力下降的原因可能是占用农田的工业化和城镇化，以及退耕还草、退耕还林政策的实施。由此可见，工业化和城镇化发展，挤占了我国东部、南部等地区的优质农田，只能用西部低质的耕地补充东部的优质耕地，导致我国农田总体质量下降。自然资源部2016年6月6日发布的《国土资源"十三五"规划纲要》显示，截至2015年底，全国实有耕地面积20.26亿亩，适宜稳定利用的耕地保有量18.65亿亩，基本农田保护面积在15.6亿亩以上，守住了18亿亩的耕地红线。虽然耕地总面积得到保证，但由于补充耕地的质量等级比原耕地平均相差2~3个质量等级（段龙龙，2016），导致全国耕地质量总体偏低，我国质量相对较差的中低产田约占2/3，优等地、高等地、中等地、低等地面积分别占全国耕地总面积的2.67%、29.98%、50.64%、16.71%（王彦，2015）。冀咏赞等（2015）的研究结果显示，中国中低产田占比更高，高中低产田分别占全国耕地面积的20.66%、39.56%以及39.78%。耕地质量的下降不仅影响粮食产量，也影响粮食质量。

(二)工业化和城镇化带来的环境污染影响粮食质量安全

随着工业化发展,沿海劳动力成本提升,不少企业由城市向农村、由东部地区向中西部落后地区转移。中西部相对落后地区和不少农村地区为了发展经济,加大了招商引资的优惠力度和宣传力度,促进当地工业化发展。企业为了降低成本,对工业"三废"处理不够重视,环境保护投入不足;当地政府为了获得更多的地方财政,对企业的一些违规操作不进行管制,减少对产品质量的监督抽查,甚至不允许进行必要的产品质量监管(罗英,2014)。当地老百姓的环境保护意识弱,来自社会的监管缺失。而中国大部分的中西部落后地区和农村地区大多以传统农业为主要产业。由于农业的比较收益低,当地政府和百姓倾向于收益较高的非农产业或非粮产业,通过引进工业化发展经济,挤占优质耕地资源,导致污染了水资源,并且农业生产的投入严重不足,耕地和水资源污染治理严重滞后,造成耕地的水土污染越来越严重,影响了粮食生产质量。1990年以来,中国的城镇化率从30%不到增至2014年的55%。而我国耕地面积累计减少超过1000万公顷,每年约减少69万公顷(罗翔,2015)。城镇化导致耕地面积减少成为一种必然趋势(陈瑜琦、李秀彬,2009)。随着工业化和城镇化进程的加快,耕地仍将继续减少,宜耕后备土地资源日趋匮乏,粮食播种面积的扩大空间极为有限。与此同时,城镇化也造成了严重的水污染,从而造成耕地污染和粮食质量问题。赵海霞(2013)等对太湖流域重污染区的城镇化与河流水污染的空间关联性进行了研究,发现城镇化对水质量存在不利影响,特别是城郊的水污染比城市更严重,水质更差;农村地区由于受上游污染影响,虽城镇化水平低,但水质最差。城镇化还导致城镇人口快速增加,带动了粮食需求的增加。在粮食需求呈刚性增长,粮食生产能力受到制约的背景下,我国政府为了保障粮食供给,采用"短平快"的生产方针，鼓励采用各种生产技术和生产方式改革提高粮食亩产产量。在各种粮食生产政策的激励下，许多人对粮食种植采用重耕轻养的方式，滥用农药化肥，导致耕地的地力被大大削弱，耕地质量显著下降，粮食质量也随之受到不良影响。

二、绿色革命带来的影响

(一)第一次绿色革命带来了高投入、高污染、高产低质等问题

20 世纪 60 年代出现第一次绿色革命，主要内容是大规模推广矮秆、半矮秆、抗倒伏、产量高、适应性广的小麦和水稻等作物优良品种，并配合灌溉、施肥等技术的改进，以提高粮食产量（张立英，2009）。第一次绿色革命所推广的农作物品种对化肥农药的高依赖和大量使用灌溉水，造成了水污染和耕地盐碱化，并且农作物品种中的矿物质和维生素含量很低。为此，不少国际组织提出第二次绿色革命，但他们对第二次绿色革命的理解并不相同。1990 年的世界粮食理事会第 16 次会议首次提出在发展中国家开展第二次绿色革命，在巩固第一次绿色革命成果的基础上，向农业其他领域扩展。而 1996 年罗马举行的世界粮食首脑会议则提出，第二次绿色革命是建立在可持续发展基础之上的革命。国际农业研究磋商组织（CGIAR）提出第二次绿色革命的前提条件为环境保护和可持续发展，实现途径主要是生物技术（主要是基因工程和分子生物学在育种上的应用）和信息技术与常规育种技术相结合，其中代表性技术有超级木薯、超级水稻、特种玉米、短季抗病马铃薯、抗病小麦培育技术。虽然大家对第二次绿色革命的方案不一样，但是不可否认第二次绿色革命是第一次绿色革命的深化，并且还正处于探索和发展过程中。

（二）第一次绿色革命导致我国粮食生产过度依赖化肥农药，并降低了粮食的营养品质

目前，对我国粮食质量带来的影响最为深远的是第一次绿色革命的实施。联合国粮农组织（FAO）的数据显示，1961—1990年中国粮食单产增加了3.57倍，超过了墨西哥、菲律宾和印度，有效保障了本国粮食的数量供给。与此同时，我国化肥和农药的使用量以极为惊人的速度在增长。根据我国历年《中国统计年鉴》数据，化肥的使用量由1962年的63万吨增长到1990年的2607万吨；1960年我国农药用量19.3万吨，而1990年我国农药使用量增长到73.3万吨（刘永杰等，2004）。并且，我国农药和化肥的使用逐年增加，2015年我国化肥和农药的年使用量分别达到6020万吨（国家统计局数据推算）和189.24万吨（杨益军，2015）。化肥的过量使用，带来了土壤重金属污染和水体富营养化。由于化肥的主要成分为植物生长所需的氮、磷、钾三大营养元素，化肥的过量使用致使土壤和水体中氮、磷等元素含量过多，活化了土壤中的重金属，从而造成土壤重金属污染和农作物体内中重金属富集，并且导致水生态系统物种分布失衡，单一物种疯长，破坏了系统的物质与能量的流动，使整个水生态系统逐渐走向灭亡。农药的过量使用导致土壤和农作物农药残留超标，进而影响人类健康。中国每年使用的农药大概在180万吨，据有关部门的测算，真正能够对农作物发挥作用的比重不到30%，其余的70%喷洒到了空中或地上（陈锡文，2015）。绿色革命也带来了微量元素的缺乏，并对消费者的健康带来了负面影响。第一次绿色革命的推广，致使我国的粮食作物品种单一，并且所推广的高产粮食中矿物质和维生素含量很低，长期食用后会导致人类身体的矿物质和维生素营养不足。高产的粮食作物，其淀粉含量比一般作物更高，同时蛋白质总量更低（陈清硕，1997）。营养学家认为，造成铁元素、维生素A等微量元素缺乏的地区，大多是

以绿色革命推出的高产粮食为主食的。据联合国粮农组织估计，1970—1989 年间，在大多数发展中国家，特别是南亚和东南亚，人们饮食中铁的摄入量下降幅度很大，导致贫血病的流行。20 世纪 90 年代，全球有 2.3 亿儿童和大批成年人摄取维生素 A 不足，其中有 50 万儿童因缺乏维生素 A 而失明。绿色革命带来了耕地质量的下降。我国耕地退化面积已高达总面积的 40%，并且我国土壤的有机质含量从 1997 年的每千克土壤中有机质含量为 26.9 克降低到 2014 年的 25.8 克（段龙龙，2016）。根据由中国地质调查局及国土资源主管部门牵头的 1999—2014 年期间全国耕地质量调查结果来看，相比 20 世纪 80 年代，东北区耕地有机碳含量下降了 21.9%，耕地有机碳含量呈现明显下降趋势的地区有我国东北区、闽粤琼区、西北区和青藏区。调查的 13.86 亿亩耕地中，有 29.3% 的耕地主要分布在北方地区，土壤碱化趋势加剧，pH 值上升了 0.64；21.6% 的耕地主要分布在重金属污染问题突出的闽粤琼区和湘鄂皖赣区，酸化严重，pH 值降低了 0.85（蒋高明，2016）。

（三）第二次绿色革命提出的转基因技术[①]带来粮食质量安全新问题

第二次绿色革命是以克服第一次绿色革命的缺点为出发点，以提高产量为目标的一次革命。其中，转基因技术被认为是第二次绿色革命的主要成果之一。1996 年是转基因粮食商业化种植的首年，1997 年全世界转基因作物的栽培面积已达到 1000 万公顷（贾继增和张启发，2001）。而由国际农业生物技术应用服务组

---

① 转基因是指运用科学手段从某种生物中提取所需要的基因，将其转入另一种生物中，使其与另一种生物的基因进行重组，从而产生特定的具有优良遗传性状的物质。利用转基因技术可以改变动植物性状，培育新品种。也可以利用其他生物体培育出人类所需要的生物制品，用于医药、食品等方面。

织发布的《2014年全球生物技术/转基因作物商业化发展态势》的数据显示，1996年全球转基因作物的种植面积为1700万公顷，到2014年，种植面积增长至1.815亿公顷，增幅超过100倍（邵海鹏，2015）。转基因粮食相比传统的粮食，化肥和农药的使用量大大减少，田间管理成本大大降低，但其种子的核心技术被孟山都、先正达、先锋等种植业龙头企业所垄断，所以转基因粮食的种子售价极为昂贵。我国政府重视转基因技术开发，从历年的中央一号文件的内容来看，2007年国家提出加强对转基因食品的标识管理；2008年启动转基因生物新品种培育科技重大专项；2009年和2010年加快推进2008年提出的重大专项，尽快培育一批抗病虫、抗逆、高产、优质、高效的转基因新品种，并促进产业化；2012年继续实施转基因生物新品种培育科技重大专项；2014年提出加强以分子育种为重点的基础研究和生物技术开发；2015年加强农业转基因生物技术研究、安全管理、科学普及；2016年继续加强农业转基因技术研发和监管，在确保安全的基础上慎重推广。由此可见，我国政府是比较重视转基因技术的研发的，但对于转基因技术在全国范围内的推广持谨慎态度。然而，不少民间组织和学者质疑中国转基因粮食种植泛滥，已经严重危害了消费者的利益（洪巧俊，2014）。转基因粮食的安全性在国际上暂没有得到定论，也没有可靠的依据能够排除转基因粮食对人类的健康不带来危害的可能。所以，转基因食物带来新一轮的粮食质量安全问题的可能性是存在的。

三、粮食收购政策带来的影响

从我国粮食收购政策的演变来看，1998—2003年实行保护价收购政策，按保护价敞开收购农民的余粮。自2004年以后，我国全面放开粮食购销市场，对小麦、稻谷粮食品种在粮食主产区实行直接补贴与粮食最低收购价政策，2008年中国对东北三省与内蒙古自治区的玉米和大豆实行临时收储(与最低收购价合称为托市收购)政策。粮食收购政策对粮食质量安全带来了深远影响,具体表现在以下几个方面。

(一)收购过程中存在的粮食质量安全问题

一方面,我国不少粮食的收购期安排在粮食收割后的几个月,收购时间集中。农民收割粮食后急于出售粮食,疏于粮食存储,不少农民采用"地趴粮"式的临时储粮。这种落后的存储方式导致不少粮食在收购前就已经出现质量问题。例如,如果遇到冷暖天气交替,水分较大的玉米极容易在储存时出现生霉、腐烂等"坏粮"风险。由于国家对于粮食收购有总量要求,因此不少"地趴粮"也被收购入库,导致储备粮出现质量问题。例如,国家临储粮政策规定,生霉粒含量高于5%的不列入国家临时存储玉米收购范围,临储粮的补充文件中表明会对超过霉变的粮食进行扣价收购,生霉粒含量在3%~4%的扣价3%,4%~5%的扣价6%。在这一政策规定下,中央储备粮敦化直属库、敦化市大地豆业有机食品有限公司、敦化市顺鑫瑞强经贸有限责任公司、敦化市官地镇等11家收购企业,按照等级、水分程度划价收购玉米,含水30%的玉米收购价格为0.75元/斤,而且按照市场价格变化随时就市收购。由于临时收储政策的施行,很多地方的仓容不足,导致收购后的粮食采用露天存放方式。2012年10月份,国家下达4000万吨的玉米临时收储计划,而东北玉米仓容压力大,特别是吉林、黑龙江约一半以上的临时收储玉米露天储存,玉米质量安全隐患大(王晓明、王春雨,2013)。2014年,发改委经贸司副司长耿书海指出,东北地区仓容不足的问题尤为突出,大量粮食露天存放(贾兴鹏,2014)。

（二）粮食收购政策带来的粮食存储质量安全问题突出

粮食收购政策的常年实施，在我国粮食产量连年丰收的情况下，使粮食收购量巨大，需要轮换的粮食总量随之增大，加之粮食收购价格已经远远高于现行的国际粮食平均价格，储备粮轮换遇到前所未有的困境。自 2010 年以来，中国粮食价格已远高于国际粮食价格，2014 年大米、玉米、大豆、小麦四种粮食的平均价比国外高 50%；2015 年国产粮每吨比进口粮贵将近千元（李熙，2015）。由于国内外粮食价格出现倒挂，储备粮难以轮出，粮食被常年大量积压，粮食质量恶化。粮食的库存居高不下，带来了难以为继的财政压力。在此背景下，不少地方粮库采用"转圈粮"的方式，将陈粮或陈化粮代替新粮入库，造成储备粮巨大的质量安全隐患。

（三）粮食收购带来的粮食加工和消费质量安全问题

由于粮食收购政策带来的高库存，政府为了去库存，在采取粮食收购政策的同时执行粮食进口配额制度，进口粮食要申请进口资格和进口配额，而大部分的进口配额都分给了国企，民营企业要获得进口配额必须先从粮库中购买大量粮食。中国发改委的相关文件显示，中国 2015 年的粮食进口配额是：小麦进口配额 963.6 万吨，国有企业贸易比例 90%；玉米 720 万吨，国有企业贸易比例 60%；大米 532 万吨，国有企业贸易比例 50%。在此情况下，一家私营粮食加工企业要获得 1 吨的进口配额，必须从国家粮库购买 10 吨粮食作为交换（李熙，2015）。在进口粮食受阻和国内粮食被大量收购的双重压力下，粮食加工企业需要通过国家储备粮竞价拍卖获得粮食，但竞价拍卖的价格因储备粮采用"顺价销售"而远高于托市价甚至市场价，无形中增加了粮食加工企业的采购成本，挤占了粮食加工企业的利润空间，粮食加工企业就会采取各种手段以减少成本，从而导致粮食加工质量难以保证，同时带来消费质量问题。由于我国粮食收购的品种相对单一，导致市场上粮食品种结构失衡，不能满足消费者对不同粮食品种和品质的要求，也不能有效保障消费者的粮食营养安全。例如我国将早籼稻作为稻谷的主要收购品种，但早籼稻作为口粮质量低，不能满足消费者需要。

四、家庭联产承包责任制和分税制带来的影响

（一）家庭联产承包责任制形成了我国小而散的粮食生产加工规模

由于我国1982年开始实行家庭联产承包责任制，每户农家采用包产到户的方式经营粮食生产。这一制度安排决定了我国粮食生产只能以小而散的形式进行。由于粮食生产缺乏规模，粮食加工也常以小作坊的形式存在，不少学者认为这一制度安排导致规模经济效益丧失，限制了农业生产规模效率的提高（王剑锋、邓宏图，2014；康弥等，2014），与规模化、现代化农业相冲突（孔川、陈宁，2008），不能适应我国市场化经济的发展（张丰、张雅杰，2008）。随着劳动力价格和化肥农药等投入品价格的不断上涨，粮食的比较收益越来越低。不少农民为了获得更高的收入，在土地流转交易成本高的情况下，放弃粮食种植，外出打工，留下老弱病残从事粮食生产，粮农的整体素质下降，粮食生产投入萎缩，不利于粮食质量的提高。有些农民直接将耕地抛荒，如果耕地不作他用，还可以达到休耕养地的效果，但是不少地区疏于管理，改变了耕地的利用功能，容易造成耕地的浪费和污染，从长期来看，对粮食数量安全和质量安全都是不利的。为了增加粮食生产收益，我国正朝着规模生产的方向迈进，推行粮食生产的适度规模，鼓励以农民专业合作社、种粮大户等为主体的粮食生产经营方式。根据《全国种植业结构调整规划（2016—2020

年)》，2015 年，我国农民专业合作社 128.88 万家，入社农户占全国农户总数的 36% 左右。同时，我国加快了农村土地流转制度的改革，促进了农地有序有效地流转。但由于实行的家庭联产承包责任制，每户家庭的耕地面积较小，导致土地流转规模比较小，效益不高。目前的土地流转也存在委托—代理问题，流转期较短，租地农户为了利润最大化，采取掠夺性生产经营方式，造成耕地质量下降，粮食质量下降，粮食生产的可持续性难以实现。例如，在湖南的一些农村，有些租地农户为了减工，不考虑耕地的可持续性利用，滥用农药化肥，导致了耕地质量的进一步恶化和粮食质量安全隐患。我国采用小农生产方式，全国粮户数量巨大，给粮食生产质量监管带来了非常大的难度。很多地方，因为监管成本过高，采取监管不当或不监管等方式管理粮食生产质量。在我们的采访中，有农户反映当地政府只鼓励农户进行粮食生产，并不对农户的粮食生产质量进行调查和监督。

（二）家庭联产承包责任制影响粮食加工企业的分布布局

出于便利和成本考虑，我国粮食加工企业以中小作坊形式居多，具有比较大的流动性和隐蔽性，很大程度上存在粮食安全质量隐患。目前，粮食主产区加工业产业链条过短、规模小而分散、加工产能过剩、成本压力过大、产品品牌不响（王洋、余志刚，2016），这些问题严重制约了粮食加工业的持续发展。在农村，政府对粮食的生产和加工企业的监管多采用派发乡街级别的监督协管员以及检察的信息员等方式，但是这些人员的反馈情况很不理想，50% 的监管人员不主动向监测单位提供所检察的粮食加工企业质量的具体情况，甚至存在一些粮食加工企业生产经营达一个月之久，都未与监测单位进行联系的情况，导致政府对粮食加工企业的监管和服务严重滞后。在疏于监管的情况下，不少加工企业为了获得更大的利润空间，不惜牺牲消费者利益，采用非法添加或滥用各种添加剂、不严格执行操作要求、改良技术不重视质量因素等方式进行粮食加工（唐明贵、刘善臣，2009）。目前，粮食产品在加工过程中超量使用、滥用食品添加剂和非法添加物的现象普遍，小麦加工添加过氧苯甲酰为主要成分的增白剂，用甲醛次硫酸氢钠（吊白块）将陈米、劣质米漂白后制作米粉，饲料加工使用违禁的生产激素和抗生素（潘珍，2007）。粮食加工企业在操作流水线上不严格按照要求进行微生物杀菌处理，导致粮食制品存在质量隐患，在新原料、新技术、新工艺的应用方面，对粮食制品的质量安全问题重视不够。

（三）分税制的实施导致地方对粮食质量管理投入严重不足

1994 年，我国开始实施分税制财政管理体制，税收比例采用中央占 7 成和地方占 3 成的方式进行分配，中央会根据经济需要将部分税收返还地方，例如民生工程、基础设施建设、教育、支农等。由于大部分税收收入被中央所控制，更加激励地方通过发展土地财政发展地方经济。分税制下的土地财政导致城市化进程加快，地方财政压力对粮食增长产生了消极影响，耕地被蚕食，地方政府采用占优补劣的方式补充耕地，导致耕地质量下降，进而影响粮食质量（高彦彦、郑江淮，2012；范东君，2015）。由于地方政府官员的任期一般为五年，为了获得政绩，采取追求短期效应的手段发展地方经济，土地财政获得的收益，被不少政府官员用于冲动型投资，投资风险巨大，这样恶性循环下去，势必加大地方政府的财政风险系数（许权胜，2016）。由于粮食生产的比较收益低，投资难以得到立竿见影的成效，因此，地方政府缺乏对粮食生产的投资激励，粮食生产投入严重不足。特别是粮食主产区政府的地方财政压力大，对于粮食生产的投入主要靠中央拨款完成，地方投入少。为了强化地方政府的粮食安全责任，我国国务院于 2015 年 1 月 22 日发布《关于建立健全粮食安全省长责任制的若干意见》(国发〔2014〕69号)，国家粮食和物资储备局紧接着出台了关于贯彻落实《国务院关于建立健全粮食安全省长责任制的若干意见》的指导意见(国粮政〔2015〕23号)。为了督促粮食安全省长责任制的实施，国务院办公厅于2015年11月3日发布《关于印发粮食安全省长责任制考核办法的通知》(国办发〔2015〕80号)，明确了粮食安全省长责任制考核主体、原则、内容、程序和结果运用等事项，对建立粮食安全省长责任制考核机制做出了全面部署。这些文件的实施有利于地方政府履行粮食安全责任，但是在地方财政压力并没有得到很大改善的情况下，由于粮食质量管理难以见到成效，地方政府对于粮食质量管理缺乏激励，成效并不理想。戴治勇(2006)认为当中央政府和地方政府目标函数与消费者利益相背离的情况下，地方政府一般会放松食品安全规制，甚至纵容和包庇食品企业，当影响很大的食品安全事件发生，并且在中央政府知晓并授意的情况下，地方政府才会采取运动式的规制方式对违法企业进行规制，但这并不能从根本上提高地方政府对食品企业的规制效果。

五、供给者和消费者质量安全认知带来的影响

(一)我国粮食供给者的粮食质量安全认知水平低

粮食供给者的某些行为体现出其粮食质量安全认知水平低，这些行为包括有意和无意两种。有些忽视粮食质量安全的无意行为，是因为缺乏知识或相关知识有限造成的。例如不少粮农在生产粮食时，并不知道农药化肥安全使用说明，从而滥用农药化肥，并将农药化肥的包装随意丢放，或者用装化肥的包装袋直接装粮食。也有一些粮食加工企业的员工并不了解技术操作规程和良好操作规范，也不了解一些添加剂的毒性，忽视加工流程的环境、设备的卫生情况，缺乏质量检验知识。某些粮库工作人员因

为知识缺乏，并不严格遵守仓库质量安全要求进行操作，而是将很多流程省略了。那些有意的行为则是因为长期缺乏有效监管形成质量安全认知水平低导致的。例如，耕地的租户为了节省工时，过量使用化肥农药，并违规使用高毒的除草剂，采用竭泽而渔的生产方式，不考虑粮食质量是否安全。不少粮食加工者，过分关注消费者对粮食制品的外观和口感的要求，而忽视加工过程的环境质量和操作流程的质量保证，导致很多包装精美、口感好的食品都是从黑作坊的恶劣环境中加工而成的。某些粮库将发霉的粮食与正常粮食同仓存放，为了防治虫害和霉菌，还采用高毒农药进行处理，导致粮食的农药残留超标。

供给者的粮食质量安全水平低暴露了供给者的质量安全教育极为有限。任重和薛兴利（2016）对山东省17地市627户粮农进行的问卷调查数据显示，政府对质量安全的宣传支持非常少，粮农对政府的宣传支持印象模糊，认为政府的宣传支持力度太弱；粮农对农药化肥安全使用认知和病虫害生物防治认知的变量均值分别为2.863和2.036，表明粮农对农药化肥安全使用和病虫害生物防治仅仅处于听说过和有所了解之间，认知水平偏低。金广等（2016）对湖北省农村地区172户农户进行了问卷调查，发现农户的年龄以中老年为主，40岁以上的占97.1%，总体文化程度较低，初中文化（包括没毕业的）的占81%；在选择农药时，绝大多数农户都将"药效"作为第一考虑因素（首选比例为98%），其次是"价格"，第三考虑因素才是"对身体或环境的有害性"；有79%的农户会选择"增加农药用量、使用浓度和使用次数"来应对病虫害；大部分的农户对于"是否知晓并使用绿色防控方法，如利用天敌、灯光诱杀、稻田养鸭等尽量少使用或不使用农药的杀虫技术"表示听说过但没人使用过，也反映没有农技人员宣传、示范或组织培训；基层农技服务严重不足，农技推广乏力，甚至有人为了完成任务而造假。

　　我国对于粮食加工企业的质量安全缺乏有效指导。由于我国粮食加工业注重资源投入的数量扩张,粮食加工企业规模小,作坊式的企业较多,日处理能力在 100 吨以下的稻谷加工企业占到 65.2%,200 吨以下的小麦加工企业占 90.4%。粮食加工行业的这一布局特点进一步导致了质量安全教育和指导的难度加大,成本增高。同时,小而散的粮食加工行业容易形成较差的质量行为。一般来说,大型企业的产品合格率高,小企业或作坊式生产企业的产品合格率低,因为大型企业的质量道德水平一般高于小型、不正规的企业(丁建,2006)。在这一情况下,政府的质量安全教育和指导意义显得很深远。然而,现阶段国家对于粮食加工行业的质量安全指导政策非常少,过分重视粮食生产,对企业粮食收购、加工和流通方面的政策支持相对较少。产区的粮食加工企业进行浅加工,并且没有任何补贴,销区的粮食加工企业因为利润空间更小,倾向于进行粮食深加工,国家和地方对粮食深加工方面给予的支持政策非常少,部分地方政府仅给予粮食加工企业额度极低的贴息贷款(王洋和余志刚,2016)。由于政府对于粮食加工行业的重视程度低,导致粮食加工行业的政府投入少,对粮食加工企业的质量安全缺乏指导和教育。例如,我国粮食加工标准体系结构不合理,粮食加工专业标准和检测方法数量多,有关粮食加工产品的技术操作规程和良好操作规范类标准少,与粮食产品质量标准相配套的包装、运输、储藏方面的标准欠缺,许多粮食加工标准内容简单陈旧并且不能及时更新,国际标准和国外先进标准采用率低,技术指标少,实用性差,与国际标准存在很大差距(林家永等,2009)。我国《粮食加工业发展规划(2011—2020 年)》也承认,粮食加工产品质量标准体系不完善,技术要求低,某些产品缺乏统一标准;粮食质量安全检测能力薄弱,从原料到产品的质量追溯体系尚未建立;部分企业法制和诚信意识淡薄,违规使用食品添加剂、掺杂造假、以次充好的现象依然存在，粮食加工业发展缺乏总体规划和统一指导。

(二) 我国消费者的粮食质量安全认知水平低

消费者不了解自己在粮食消费安全方面的作用，从粮食采购到最终消费，消费者的粮食安全知识非常欠缺，操作过程也存在不符合科学操作规范的行为 (滕月，2011)。相比城市消费者，农村消费者的粮食消费意识更加淡薄。耿雪娟和韩宏灯 (2011) 通过对东川区农村进行调查发现，农村居民对食品安全的认识有限，对食品标志及具体区别的认知明显缺乏。农村消费者，特别是身处较偏僻的贫困地区的消费者的质量法律法规意识淡薄，对QS 等食品安全最基本的概念，都了解甚少。他们将价格作为第一选购因素，虽然对某些粮食质量有所了解，但是还是认为质量差点并不会对健康带来多大影响，还是会因为实惠而购买质次的粮食，这导致未取得生产许可、质量不达标的产品在农村市场空间大 (甘信军，2015)。

第二节　粮食质量安全问题的形成机理

一、市场失灵引起粮食质量安全问题的机理

(一) 粮食具有信任品属性

根据 Nelson (1970)、Darby 和 Karnie (1973) 对产品质量的评估，产品可以分为搜寻品、经验品和信任品。搜寻品是消费前就能判断其质量的产品，经验品是购买和消费后才能了解其质量的产品，信任品是指在消费后也难以确认其质量或者是个人需要付出极大的成本去了解其真实质量的产品 (王永钦等，2014)。从产品质量的评价来看，粮食同时具有搜寻品属性、经验品属性和信

任品属性。在食用前，消费者可以通过目测、鼻闻和触摸感知质量好坏，粮食具有搜寻品属性。食用后，消费者通常能通过颜色、香味、口感和身体急性病变判断其质量。如果消费者在食用粮食后，出现很短时间内感到身体不适的情况，就说明其质量很差，粮食体现了其经验品属性。很多情况下，消费者购买粮食前和食用粮食后，都没法判断粮食是否存在重金属、农药残留和添加剂超标，因为这些因素带来的食源性疾病大多是需要长期观察和专业检验才能知晓的（Antle，1999），这体现了粮食的信任品属性。随着粮食生产和加工的发展演变，粮食的质量属性也在悄然发生变化。在不采用化肥和农药之前，育种通常采用家庭留种形式，加工技术处于初级阶段，粮食更多地体现为一种搜寻品。随着育种技术和加工技术的改进，粮食的外观、香味和口感有了很大改善，消费者感知粮食质量更趋向于食用后评估，粮食更多地表现出经验品属性。然而，相关历史经验表明，在粮食市场上，理性的生产者没有激励使粮食产品的不安全性达到经验品的程度。我国粮食质量问题主要由真菌毒素污染引起。2001 年至2011 年，我国农产品出口欧盟食品违例事件达 2559 起，其中真菌毒素超标占 28.6%，该比例远高于重金属、食品添加剂、农业残留等因素（宋梅，2015）。从我国粮食消费急性中毒的新闻报道情况来看，我国消费者出现食用粮食后急性中毒的事件集中在霉菌污染引起的粮食中毒。由于被霉菌污染的粮食可以通过观颜色、闻气味等方式进行鉴别，其发生概率极小，因此其经验品属性并不突出。但随着农药、化肥和各种添加剂的滥用，粮食生产和加工专业化增强，粮食质量信息不对称加剧，粮食生产和加工存在的质量问题越来越难以被消费者发现，消费者即便食用后也难以了解其质量好坏，粮食的信任品属性越来越凸显。例如，发生"镉大米事件"后，中国农业大学食品科学与营养工程学院朱毅接受记者采访时表示，镉中毒的潜伏期很长，一般是 15 到 20 年，所以镉中毒不容易被发现(廖爱玲和金煜,2013)。目前,粮食市场全球化,导致粮食生产和加工更加专业化和分散化,这给粮食质量监管带来了前所未有的困难和挑战。粮食供给模式的演变,在缺乏有效监管的情况下,加剧了我国粮食由搜寻品、经验品向信任品的转化,粮食很大程度上已成为一种信任品。

(二)粮食的信任品属性导致信息不对称

粮食的信任品属性导致粮食市场容易出现信息不完全和信息不对称[①],由此带来市场失灵现象。由于信任品属性导致质量难以被识别,市场上的买者和卖者对于产品信息都存在一定的信息不完全。同时,信任品的供给者对产品质量比消费者有更多的信息,这种信息不对称是粮食市场失灵的重要原因,也是导致质量安全问题的根本原因(李酣,2013)。George Akerlof(1970)分析了信息不对称对产品质量的影响,他指出如果满足以下三个条件:①消费者在购买前不能确定商品质量;②高质量商品相对于低质量商品的价格更高;③厂商不用对产品品质进行担保,市场机制是难以提供质量安全产品的。Dulleck 与 Kerschbamer(2006)的研究结果表明,当满足消费者同质(homogeneity)、诊断者亦为施治者的承诺(commitment)、生产企业承担低效服务的责任(liability)、不同服务水准可验证(verifiability)四个假设条件时,信任品市场机制是有效率的,不存在市场失灵和企业欺骗行为。他们的研究也发现,如果不能同时满足这四个假设条件,信任品市场就会出现不同特征的失灵情况,且会发生企业欺骗行为。然而,我国粮食市场并不能满足以上四个假设条件。首先,消费者并不同质。我国粮食质量安全的需求随恩格尔系数下降而上升,而各个收入群体的恩格尔系数下降速率存在差异。这种差异致使不同群

---

① 信息不对称是信息不完全的特种情况。

体的粮食质量安全需求表现出较大差异，高收入群体对粮食质量安全的需求上升较快，而低收入群体对粮食质量安全的需求增长相对滞后（刘录民，2009）。其次，粮食生产企业承担低效服务责任的条件不满足。由于我国的特殊国情，我国长期执行刺激粮食生产以保障粮食供应安全的相关政策，政府对于粮食供给者的低效服务的责任要求非常低。并且我国的粮食生产和加工采取小而散的经营模式，粮食的生产和加工的比较收益低，且政府因监管成本高昂而疏于监管，粮食生产和加工企业对于承担低效服务责任的积极性不高。再次，粮食市场不满足不同服务水准可验证的条件。由于粮食产品的信任品属性，粮食的供应与消费者的需求存在两种情况的不匹配。一种是由于专业知识缺乏，消费者不清楚自己需要哪种程度的粮食质量控制，因此没有得到足够水准的质量控制服务，而是获得较低的质量控制服务；另一种是消费者非常清楚自己对粮食质量控制的需要，但由于验证成本太高而没有得到这些质量控制服务，因为这些服务需支付高额费用（李想，2011）。因此，粮食消费者难以得到满足自己需求的质量控制服务。

（三）信息不对称导致"逆向选择"和"道德风险"的产生

由于粮食是一种日常生活的必需品，具有重复消费的特征，同时粮食又是一种信任品，供给者与消费者之间的交易是一个不完全信息的动态博弈，可以采用信号博弈模型（signaling games model）进行分析。$\sum p(t_i \mid m_j) = 1$ 假设粮食供给者是信号发送者 S（Sender），其行动的集合是提供 t_i（$i=1, 2$）的产品，t_1 代表质量安全的粮食产品，t_2 代表质量不安全的粮食产品，并且质量不安全的粮食不考虑急性中毒的情况。根据特定的概率分布 $p(t_i)$，从可行的类型集 $T = \{t_1, t_2\}$ 中赋予发送者 S 的某种类型

$t_i(i=1,2)$，所有的 i，$p(t_i)>0$。且 $p(t_1)+p(t_2)=1$。发送者观测到 $t_i(i=1,2)$，并从可行的信号集 $M=\{m_1,m_2\}$ 中选择一种信号 $m_j(j=1,2)$ 进行发送，其中 m_1 为质量安全的信号，m_2 为质量不安全的信号。粮食消费者是信号接收者 R（Receiver），能观测到发送者的信号，但不知道发送者 S 的类型，根据发送信号从可行的行动集合 $A=\{a_1,a_2\}$ 中选择行动 $a_k(k=1,2)$，a_1 代表购买，a_2 为抵制。S 和 R 的收益表示为 $g_S(t_i,m_j,a_k)$ 和 $g_R(t_i,m_j,a_k)$。在观测到信号后，粮食消费者对不同类型的 S 会发送信号 $m_j(j=1,2)$ 进行推断，并且这种推断用概率分布 $p(t_i|m_j)$ 表示，其中对 T 中所有的 $t_i(i=1,2)$，都有 $p(t_i|m_j)\geqslant0$，且

$$\sum_{t_i\in T}p(t_i|m_j)=1 \tag{6.1}$$

在给定的推断条件下，消费者的行动 $a_k^*(m_j)$ 必须使其期望效用最大化，即 $a_k^*(m_j)$ 为下式（6.2）的解。

$$\mathop{Max}_{m_j\in M}u_R(t_i,m_j,a_k^*(m_j)) \tag{6.2}$$

在给定消费者的战略 $a_k^*(m_j)$ 的条件下，粮食供给者选择的信号 $m_j^*(t_i)$ 必须使供给者的效用最大化，因此 $m_j^*(t_i)$ 为下式（6.3）的解。

$$\mathop{Max}_{m_j\in M}u_S(t_i,m_j^*(t_i),a_k^*(m_j)) \tag{6.3}$$

这里先不考虑政府、媒体、中介组织等因素的参与。在信号博弈中，信号发送者 S 的纯战略是函数 $m(t_i)$，信号接收者 R 的纯战略为函数 $a(m_j)$。由于没有政府、媒体、中介组织等的参与，且粮食是一种信任品，无论 S 属于哪种类型，他们都会发送有利于自己的信号 m_1，采取混同战略 $m_1(t_i)$，消费者观测到发送者的信号，但不了解 S 的类型，对 S 的类型也无从考察和辨别，他们会采取一种唯一的战略 a_1，形成一种混同均衡。混同均衡是不同类型的信号发送者，选择相同的信号发送，此时接收者无法根据

收到的信号修改先前对发送者类型的先验概率。在这种情况下，消费者以市场价格购买到的粮食质量有可能是安全的，也可能不安全的，这时粮食市场已经"柠檬化"了。在质量安全和质量不安全食品供应概率相同的情况下，处于信息劣势的消费者为了降低自己的购买风险，会按照粮食的中间价格进行购买，这个价格高于质量不安全粮食的供给者的保留价值，而低于质量安全粮食的供给者的保留价值，从而使愿意成交的粮食都是质量不安全的，质量安全的粮食则被驱逐出粮食市场（张颖伦，2011）。而这一结果已经偏离了粮食消费者的需求，粮食市场出现了"逆向选择"。由于质量不安全粮食的供给者的收益大于质量安全粮食的供给者的收益，作为追求利润最大化的"理性经济人"，在信息不对称形成的隐藏行动和隐藏信息使消费者无法进行限制或索赔的情况下，更多的粮食供给者愿意为市场提供质量不安全的粮食，粮食市场的"道德风险"形成。

（四）消除"逆向选择"和"道德风险"需要增加更为严格的条件

从消费者的角度来看，为了消除粮食购买存在的质量不确定性，消费者会根据新的信息不断修正之前的判断，运用贝叶斯法则来甄别粮食供给者的类型，但这需要外部力量来验证粮食的质量。假设消费者对粮食供给者的类型及分布概率一无所知，消费者会对粮食供给者 S 的类型进行估计，假设粮食供给者属于高成本型且供给质量不安全的概率 $p(m_2/\theta)$ 小于 50%，属于低成本型且供给质量不安全的概率 $p(m_2/\bar{\theta})$ 是 100%。博弈开始时，消费者认为粮食供给者 S 为高成本型的概率为 50%，因此，他认为自己进行粮食购买且购买到质量不安全粮食的概率为 $0.5 \times p(m_2/\theta) + 0.5 \times 1$，该概率大于 $p(m_2/\theta)$。当消费者进行购买，且购买到质量不安全的粮食时，根据贝叶斯法则，粮食供应者为高成本型的概率为 $p(m_2/\theta)/(p(m_2/\theta)+1)$，该概率小于之前的概率，如果消费者再进行试探，还是购买到质量不安全的粮食，那么消费者会越来越倾向于粮食供给者 S 为低成本型供给者。但是消费者要得知所购买的粮食质量，高成本型粮食企业可以采取产品差异、广告等方式向消费者传递质量安全的信号，或者借助政府或第三方检测机构的参与完成产品检测，因为消费者自身难以支付高额的检测费用。

从供给者的角度来看，要消除"逆向选择"和"道德风险"，粮食市场应达到分离均衡，但这必须要对市场进行规制。分离均衡即不同类型的发送者发送不同的信号，此时接收者得以修正自己的信念，识别发送者的类型。具体来说，不同类型的粮食供给者以 1 的概率发送不同的信号，不同类型的粮食供给者发送的信号都不相同，消费者根据不同信号可以区别出粮食供给者的类型。例如发出质量安全信号的粮食供给者一定是高成本型粮食企业，发出质量不安全信号的粮食供给者是低成本型粮食企业。根据以上公式，m_1 一定是粮食供给者类型 t_1 的最优选择，m_2 为粮食供给者类型 t_2 的最优选择。即：

$$g_S(m_1, a_k, t_1) > g_S(m_2, a_k, t_1) \qquad (6.4)$$

$$g_S(m_2, a_k, t_2) > g_S(m_1, a_k, t_2) \qquad (6.5)$$

从公式(6.4)来看，高成本型粮食供给者有激励传递信号 m_1，但低成本型粮食供给者并不会将公式(6.5)作为自己的最优选择，除非他的供给行为受到高成本型企业的有效抵制(例如质量标签[①])或行业的严格规制。假设粮食市场实现了分离均衡，消费者作为信息接收者，能够识别粮食供给者的类型，并进行粮

---

① Caswell 和 Mojduszka 在 1996 提出，在不对称且不完全信息状态下，质量标签等信号方式可以使信任品转化为搜寻品，但是如果在对称且不完全信息状态下，这种方式会变得无效。具体分析见 Caswell, Mojduszka. Using informational labeling to influence the market for quality in food products[J]. AMERICAN JOURNAL OF AGRICULTURAL ECONOMICS, 1996, 78(5): 1248 – 1253.

食购买，就能消除"逆向选择"和"道德风险"。

要实现粮食市场的分离均衡，消除"逆向选择"和"道德风险"，促使企业提供高质量的粮食产品，就必须建立一整套治理机制。陈晓红(2008)认为要治理食品质量安全的市场失灵，必须建立和健全生产者自我约束机制、消费者或交易伙伴对生产者欺骗行为的报复或约束机制、第三方(如商法仲裁者、行业协会、政府等)针对生产者不法行为采取的监督和处罚机制。她进一步指出，在我国经济转轨期，我国的食品质量安全治理机制出现了以下问题：生产者自我治理机制失效，消费者对生产者欺骗行为的约束机制因信息不完全和维权成本高等原因被弱化，第三方私人监督机制因发育不充分而难以发挥作用，政府监管体系不健全。这些问题的存在致使我国食品市场的质量安全保障得不到明显改善，并有进一步恶化的趋势。

（五）更为严格的条件在现实中没有得到实现

从现实情况来看，市场上的粮食企业通过主动采取产品质量标签、行业垂直整合、产品差异、质量信号显示、质量声誉行为等各种措施保障粮食质量的效果并不理想。从产品质量标签的应用来看，我国产品质量标签的效果不明显。*Roe* 和 *Sheldon*(2007)分析了农产品的不同类型标识制度对于供给者质量选择的影响，发现供给者更喜欢私人提供的标识，并且当政府强制性标识的质量标准与供给者的私人选择存在较大差距时，供给者愿意支付较高成本购买私人标识。刘呈庆等(2009)通过对 2008 年我国乳制品行业发生的"三聚氰胺事件"的影响因素进行研究，发现我国政府提供的 *ISO*9000 认证、*HACCP* 认证等强制性质量标识在降低污染风险方面并没有发挥很大作用。这一现象也反映在粮食行业，我国粮食加工产品质量标准体系不健全，技术要求偏低，部分产品缺乏统一标准，整个粮食行业的强制性质量标识效果不理想。

由于我国粮食品牌建设总体上很落后，私人质量标识在我国没有发挥很大作用。目前，我国已形成一些区域性的粮食品牌，如黑龙江的北大荒大米、五常大米，吉林公主岭市玉米、辽宁盘锦大米、湖北荆州大米、河北优质小麦等，但缺乏有国际影响力的品牌（刘慧，2015）。总体上，很多粮食企业品牌意识薄弱，不注重品牌塑造。

从食品行业垂直整合的应用效果来看，一体化并没有明确带来食品安全水平的提升。Gale 和 Hu（2012）通过对中国一系列食品安全事件推动下的食品行业上游一体化控制趋势进行了经验分析，得到了这一结论。除了经验分析，也有不少学者对食品行业垂直整合带来的食品安全水平改善效果进行了理论分析。Hennessy（1996）运用模型分析得出信息不对称是食品行业垂直整合的一个原因，垂直整合能带来食品生产与加工的质量安全改善的条件是在食品生产和加工的过程控制中，垂直整合能够明显节省下游加工者进行质量检测的成本。但是 Antle（2001）对此结论表示质疑，他指出现实中食品生产者并不能确定自己所采取的过程控制效果，而要通过事后检测手段才能实现，质量检测成本对于生产者和下游加工者有可能是对称的，不满足 Hennessy 所说的条件。从理论分析的结论来看，食品行业垂直整合用于改善食品质量安全的效果并不一定理想。

从企业的质量信号显示和质量声誉行为的使用效果来看，这些措施能够解决或减轻与经验品特性相关的质量信息不对称问题，从而促进经验品市场机制的有效运行（孙小燕，2008）。Antle（1999）指出对于消费者重复购买的产品，企业可以采用建立质量声誉的方式来弥补信息不对称，政府应该制定支持高质量产品的相关规定。Bagwell 和 Riordan（1986）建立了一个消费者告知模型，即企业通过提供的标签、广告以及政府披露的公共信息等与消费者之间进行信息传递，可以解决或减轻与经验品特性相关的质量信息问题。消费者可以通过企业的声誉机制、消费者之间的信息共享等方式，在购买之前获得经验品特性信息，但这些信息的使用效果取决于信息的搜寻成本和他们对信息的接受程度。由此可见，质量信号显示和质量声誉行为是解决经验品质量信息的方式，并且这些方式的使用效果很大程度上受到消费者信息搜寻成本和消费者对信息的接受程度的影响。粮食的主要质量特征是信任品，而不仅仅体现为经验品，并且我国消费者获得粮食质量信息的搜寻成本较高，且由于谣言泛滥和消费者认知限制等原因，其带来的信息接收程度比较低，所以这些方式的使用效果也不是很理想。

从产品差异化①的使用效果来看，粮食产品差异化的障碍很大，当前的使用效果并不理想。在重复购买的情况下，产品差异化能够使得消费者更加容易区别产品，因为不同的产品具有不同的质量。产品差异化需求创造了产品质量信息需求（*Antle*，1999）。但是产品差异化要考虑企业生产成本与产品质量之间的增加情况。在企业生产成本与产品质量等比增加时，市场中消费者差异越大，产品差异越大；但如果成本是质量的指数式增长，则产品差异化很难实现。李国祥（昌朋淼，2015）曾在接受记者采访时指出，我国粮食的禀赋天生不足，成本相比国外要高，因此无法同美国等出口大国进行同质竞争，应该走产品差异化道路，并建议我国开发高蛋白或者有机等特色粮食，小农国家应从根本上走差异化的竞争道路。但是从目前的情况来看，我国粮食的产品差异化的障碍比较大，例如假冒伪劣产品的层出不穷阻碍了产

---

① 按照消费者对产品差异化的偏好进行划分，产品差异化可分为横向差异化与纵向差异化。横向差异化是指对于产品的某些特性，不同的消费者有不同的偏好，在价格相同时具有不同选择；纵向差异化是指不同的消费者对所分析产品特征具有一致性偏好，同样价格条件下，消费者更愿意购买高质量产品。因此，对质量的要求是不同消费者对于产品的一致性偏好，因此在此分析的产品差异化是指纵向差异化。

品差异化的进程，粮食产品差异化受技术影响很大，粮食产品差异化所需的成本比较高等。五常大米掺假乱象曾一度让五常大米的品质和质量受到大众质疑。五常市五常大米年产量至多为105万吨，但业内人士估算，全国市场上标售的五常大米至少有1000万吨，这说明市场上大量的五常大米存在造假，并暴露了我国粮食品牌保护和监管的困境（王全宝，2015）。发明稻花香2号的田永太透露，五常大米中的稻花香掺30%的其他米，其口感并没有受到什么影响，消费者很难辨别。由此可见，粮食要进行产品差异化遇到的困难比较大。同时，粮食新品种的开发周期比较长。例如稻花香这一品牌从1969年开始研发，直到1993年才被真正开发出来，共经历了20多年。开发周期越长，高质量的粮食品种开发所需的成本就越高，在专利权保护制度不健全的情况下，高质量产品开发面临很大的风险和挑战，这种情况制约了粮食产品差异化发展，从而影响产品差异化的应用效果。

从消费者的外部激励来看，消费者的收入水平偏低和消费者的信心不足制约着我国粮食市场实现分离均衡。消费者收入水平和消费者信心是粮食企业自愿提高粮食质量的重要外部因素。如果消费者的收入水平普遍偏低，即使采用最为严格的监管，粮食市场也难以达到分离均衡。目前，我国居民以中低端收入群体为主（刘璐，2015），高端收入群体占比过小，收入分配呈"三角形"结构。因此，企业自愿改善粮食质量缺乏外部激励。李想（2011）分析了影响食品安全型信任品的质量信号显示的因素，认为在外部监管环境下，由于消费者对于高质量产品的评价偏低，高质量厂商无法有效显示其产品质量，造成质量无法显示，仅仅依靠增强监管并不能改变这一结果。他进一步指出，要改变这一结果，可以采取在高端消费群所占比例较大时增加这些消费者的收入，或者在该比例较小时增加低端消费者的收入。因此，在存在外部监管的条件下，增加低端消费者的收入，可以促进粮食市场达到分离均衡，从而消除信息不对称和道德风险。消费者信心对于粮食企业自愿做出质量信号显示作用比较大。当高端消费群体所占比例较小，低端消费者的收入达到一定程度的情况下，消费者信心的大幅提升能促进高质量者自愿做出信号显示的努力，但信心的提升幅度小是无法改善现状的；反之，当高端消费群体所占比例较大时，即使消费者信心大幅提升也不会促进粮食企业自愿做出质量信息显示。由此可见，要激励我国粮食企业做出质量信息显示，低端消费者的信心提升是一个比较重要的因素。目前，我国消费者对我国粮食企业的产品质量信心不足。书中第五章的消费者访谈调查结果显示，虽然我国消费者对粮食质量安全需求日益增加，但是在国内外粮食选择、粮食消费价格选择等方面都体现了对我国粮食产品质量的信心不足。

二、政府规制失灵带来粮食质量安全问题的机理

(一)政府规制是纠正市场失灵的重要手段

为了纠正信息不对称带来的市场失灵问题，不少学者对政府规制进行了深入研究。政府的干预是以解决市场失灵为目的的，但采取何种政府干预方式，不同的学者有不同的观点。由于信息不完全和信息不对称的存在，市场无法自行解决失灵问题。在此情况下，政府的干预成为解决市场失灵的重要手段。虽然这一手段并不被认为是解决市场失灵的必然选择，但是在世界范围内，食品安全领域中政府的参与普遍存在，有关这一领域的研究成果也非常丰富。政府纠正市场失灵方法选择的依据是质量信息的产品属性。不同的学者对质量信息的经济属性有不同的理解，主流观点认为质量信息的经济属性是公共物品。如果质量信息属于一种公共物品，政府纠正信息不对称的首选方法是提供质量安全信息规制，向消费者提供有效信息是这一种规制的有效途径(李酣，

2013）。质量安全信息规制能较好地解决质量安全领域的信息不完全和信息不对称问题。但是质量安全信息规制并不是所有情况下都适用的。当消费者因为自身的有限理性导致对信息不能理解和吸收时，信息的强制披露并不能带来预期的效果（*Bardach* 和 *Kagan*，1982）。例如，我国消费者对于转基因粮食的安全性缺乏理解，很多消费者听信网络谣言后，对转基因粮食的安全性感到恐慌，政府多次通过官方平台发布转基因粮食的相关质量安全知识，但是民众还是无法对转基因粮食的信息安全表示信任。除此之外，也有学者提出质量信息并不是一种公共物品，而是一种俱乐部产品，因此要采取不同的干预方式对待它。*Antle*（1999）认为质量信息的消费不具有竞争性，但具有排他性，是一种俱乐部产品，并不是公共物品。他进一步指出，如果质量信息被视为一种典型的俱乐部产品，政府的角色是创造法律框架，为信息的私人提供者建立和保护他们的产权。政府也可以制定增加消费者获得和使用信息能力的政策，设计强化产品质量信息的政策，例如制定保证广告真实性的法律和获得产品标签的确切信息的规制。这些基于信息的机制效率取决于生产和传播信息的成本。由于粮食产品的质量信息需要专业的设备进行检验后才能得知，因此检验费用比较高，粮食质量信息是一种典型的俱乐部产品。虽然我国传播信息的成本随着社会媒体的兴起而出现大幅度下降，但是传播信息要以生产信息为基础，生产信息成本过高会导致信息机制效率低下。目前我国粮食企业的政府规制方式主要采取标准规制、企业责任制这两种形式。由于规制者对产品质量信息的认知不同，这些规制方式各自都存在一定的局限性。标准规制因完全产品质量信息的缺失而达不到预期的规制效果，产品责任制因证据缺失无法提起诉讼从而削弱了其对企业的激励效果（汪晓辉和史晋川，2015）。

（二）政府规制过度和规制不足是导致政府规制失灵的重要原因

从政府的规制强度来看，政府对粮食质量安全的规制容易出现规制过度和规制不足两种情况，导致政府失灵。*Mendeloff*（1986）的研究发现，美国职业安全与健康管理局（*OSHA*）在规制过程中，存在规制过度和规制不足并存的现象，降低了社会福利，建议 *OSHA* 应该在扩大规制范围的同时将规制的严厉程度降低。*Cacciatore*（1997）通过对美国的医药业的政府管制研究，发现该行业的规制措施数量和措施细节都充分体现了过高的规制程度，过度规制导致医药行业的专业人员忽视自身的职业判断，其行为导向发生了扭曲，没有达到规制的预期目标。程虹和李丹丹（2009）指出，政府的过多规制导致微观市场主体的质量安全责任的"激励—约束"机制失衡。李醌和马颖（2013）对我国政府在食品质量安全领域过度规制的后果和形成原因进行了理论分析。他们认为，中国质量安全事件的频繁爆发导致对监管者的"过度问责"，为了避免问责，我国食品质量安全的监管机构采用行政许可、检验、运动式的检查和标准制定等政策手段过度规制企业微观经济行为，企业质量安全的市场主体责任被监管主体责任所代替，形成了"过度问责—过度规制—企业不履行质量安全责任—质量安全事故频发—对监管机构过度问责"的恶性循环。例如，自从 2013 年湖南"镉大米事件"发生后，南方不少省份强化了大米质量安全规制，采取运动式的质量检查规制企业行为，并对监管机构进行过度问责。同时，由于大米价格波动，导致不少粮食企业濒临破产，无法履行质量安全责任。张肇中（2014）对我国1999—2009 年的食品安全规制强度进行了定量分析，发现规制强度出现波动性上升趋势，我国食品规制强度的增加并没有改变食品安全事件频发和消费者信心下降的现实。不少学者采用产业组织理论，研究不同市场结构下标准规制的强度及对不同企业的激励效果，但其结论存在很大分歧。*Marette*（2007）指出在不完全信息垂直差异模型中，完全垄断和垄断竞争市场结构下，最低安全标准对企业在产品质量安全投入的激励程度取决于产品质量信息在消费者一端的分布情况，当消费者对产品质量安全信息认知不完全时，最低质量标准规制对大多数企业的产品质量安全投入激励下降，更容易形成垄断市场，导致社会福利下降。而 *Garella and Petrakis*（2008）并不同意这一结论。他认为，虽然消费者对产品质量特性存在信息不对称的情况，企业对质量的反应函数是向下倾斜的，但最低质量标准能提高原先认为实际质量低于标准的那些消费者对产品的感知质量，从而增加消费需求，刺激企业增加在质量提升方面的投资，增加社会总福利。李酣（2013）在综述其他学者思想时，指出根据产业组织理论的原理，在垄断市场结构中，经验品或者信任品垄断企业是需要进行规制的，但规制过程的规制过度和规制不足会导致规制失灵。

（三）导致政府规制失灵的其他因素

首先，政府与食品企业之间存在的信息不对称容易导致规制失灵。李酣（2013）指出，政府对食品企业进行规制会形成高昂的规制成本，并且政府对于被规制对象的信息少于被规制者，这些约束将阻碍政府规制的预期目标的实现，出现规制失灵。汪晓辉和史晋川（2015）指出，政府由于监管资源的缺陷对产品质量安全信息存在不对称，这容易导致企业存在一定的概率不执行政府的质量安全标准规制。其次，规制俘获理论（*Capture Theory of Regulation*）是解释规制失灵的一个重要理论。1971 年，*George Stigler*（1971）提出规制俘获理论，对规制的产生进行了理论分析，指出规制是经济系统的一个内生变量，为谋求各自自身利益的最大化，政治家对规制的供给与产业部门对规制的需求是相匹配的。他认为，促使政府进行规制的个体或团体，或是被规制者，或是其他有可能从中获益的人等特殊利益集团，在利益驱动下，对监管机构进行"寻租"，企图影响甚至收买规制立法者和执法者，从而使得规制成为部分企业利用政府权力为自己谋取政府直接补贴、对潜在竞争者的市场准入控制、对替代品和互补品的控制及价格控制等利益的一种手段。这一理论反映了政府规制过程中寻租与创租的存在。安丰东（2007）运用二阶段的动态博弈模型分析了信息不对称环境下食品企业与政府规制者之间的博弈行为，博弈的均衡结果为政企合谋，导致食品市场信用环境恶化，消费者权益受损。刘东和贾愚（2010）指出现有的产品质量规制政策将规制点设在食品生产开始之前和食品生产结束之后，食品生产之前的企业准入制度仅能规制企业的生产能力，食品生产之后的产品市场准入制度、质量信息公布制度和行政问责制是一种"事后"的规制，这一安排忽略了供应链生产环节的质量规制，从而没法进行有效的食品质量控制，并且这种安排在市场不成熟的情况下容易出现规制俘获现象，出现规制失灵。再次，规制者和被规制者之间存在的激励不相容也是造成政府规制失灵的重要原因。陈思等（2010）指出我国食品质量规制存在的激励不相容现象，并运用博弈论分析指出当规制出现激励不相容和企业违规行为收益过大时，无论规制部门如何调节人事结构，加大各种投入，都没法阻止食品企业的违法违规行为。肖兴志和胡艳芳（2010）指出我国对食品质量规制采用中央监管机构—地方监管机构、地方监管机构—食品企业两个层次的委托代理关系，这种关系中的信息不对称导致规制机构和食品企业存在激励不相容。最后，规制成本过高也是导致规制失灵的重要原因。杨合岭和王彩霞（2010）通过构建两种博弈模型，得出规制小企业的成本过高导致地方政府对小企业放松规制，虽规制大企业的成本低，但由于追逐地方政府利益，政企合谋导致地方政府对大企业也放松规制。我国的粮食生产主体和加工企业规模比较小，造成规制成本过高。我国目前有 2 亿多农户，每个农户的平均耕地面积仅 0.5 公顷，2015 年耕地规模达到 2 公顷的农户数为 1032 万，仅占到总农户数的 5%；食品加工企业达 40 多万家，食品经营主体达 300 多万家，还有难以计算的小作坊(马爱平，2016)。

(四)粮食市场政府规制失灵的形成过程

由于我国消费者对于粮食质量安全的信息了解是不充分的，假设消费者得到的信息是粮食行业的平均质量安全水平信息，即认为整个粮食行业具有一个相同的质量安全声誉。在此情况下，整个行业很可能因为某个企业的粮食质量问题而失去消费者信任。例如，我国 2013 年爆发的湖南"镉大米事件"导致湖南大米行业整体滞销，形成长期不良影响。换句话说，消费者对于粮食行业的产品质量安全有所了解，但对单个粮食企业对质量安全的努力程度具有不完全信息。假设整个行业存在企业 i，且 $i = 1$, 2，企业 i 生产质量安全的粮食产品的概率为 p_i，生产质量不安全粮食产品的概率为 $1 - p_i$，那么粮食企业对整个行业的质量安全努力水平的期望值为 $u = (p_1 + p_2)/2$，消费者是风险中立的，且只购买一单位的粮食产品，对粮食质量并不了解。对粮食行业质量安全水平的期望值为 $\bar{s} = us - (1 - u)d$，其中 s 代表粮食产品安全水平，d 代表粮食产品的不安全水平。如果 $\bar{s} < 0$，那么消费者不会购买粮食产品，整个社会福利为 0。消费者只会在 $\bar{s} \geq 0$ 的情况下具有购买意愿，即 $u \geq d/(d + s)$。假设粮食企业面临的需求量为 Q_i，价格为 P，社会总福利等于生产者剩余加上消费者剩余，即：

$$W = ps_1(p_1, p_2) + ps_2(p_1, p_2) + cs \tag{6.6}$$

$$ps_1(p_1, p_2) = \pi_1 - C_1 \tag{6.7}$$

$$ps_2(p_1, p_2) = \pi_2 - C_2 \tag{6.8}$$

其中 $ps_1(p_1, p_2)$ 和 $ps_2(p_1, p_2)$ 分别代表两个粮食企业的生

产者剩余，π_1 和 π_2 分别代表两个企业的生产质量安全产品的收益，C_1 和 C_2 分别为两企业生产质量安全产品的投入成本。

假设 $C_i = \alpha p_i^2/2$，$i = 1, 2$，α 为生产质量安全粮食产品的沉没成本支出（包括人力资本投入、高技术工人等），为简单起见，令 C_i 的边际成本为 0。

当市场处于均衡状态时，根据 $Marette$（2007）的推算，

$$W = ps_1(p_1, p_2) + ps_2(p_1, p_2) + cs$$
$$= [us - (1-u)d]/9 - \alpha p_1^2/2 + [us - (1-u)d]/9 - \alpha p_2^2/2$$
$$+ 2[us - (1-u)d]/9$$
$$= 4[us - (1-u)d]/9 - \alpha p_1^2 - \alpha p_2^2/2 \tag{6.9}$$

由于 $u = (p_1 + p_2)/2$，所以上式（6.9）可以转化为：

$$W = 2[(p_1 + p_2)s - (2 - p_1 - p_2)d]/9 - \alpha p_{21}/2 - \alpha p_2^2/2$$
$$\tag{6.10}$$

由式（6.10）可知，如果政府对粮食企业进行规制，那么企业生产质量安全的概率 p_i 会增大，消费者对安全粮食的支付意愿会增强，企业的收益会增加，但是企业对生产过程中的质量安全投入成本也会随之增加，只有当企业生产质量安全粮食的收益大于生产过程中的质量安全投入成本时，企业才会有生产质量安全产品的激励。因此，如果政府进行粮食企业的规制，并不能保证社会总福利 W 的上升。从我国粮食生产和加工的规模来看，企业规模过小，所生产加工的粮食产品以中低档产品为主，生产和加工成本较高，利润空间较窄，强化粮食企业规制会使得生产过程中的质量安全投入成本增加，进一步削弱企业的利润空间。如果提升我国高档粮食产品市场的质量规制，满足消费者对高档粮食产品的需求，增加消费者的支付意愿，促进产品价格的提升，规制并不一定会使企业的总剩余下降，同时消费者剩余会增加。目前我国高档粮食产品所占市场份额非常低，虽然消费者对高档粮食需求旺盛，但实际购买情况并不理想，因为粮食市场的产品鱼目

混珠现象严重，信息的严重不对称导致消费者只愿意为高档产品支付平均价格。在这种情况下，政府规制本可以克服这种市场失灵，但由于我国民众对政府的监管效率评价不高（Zhu 等，2017），导致规制并没有带来显著效果。

第七章 确保粮食质量安全的调控框架设计

粮食质量安全问题的形成机理为设计粮食质量安全的保障框架提供了方向。从粮食质量安全问题的形成机理来看，社会背景因素是导致粮食质量安全问题不断恶化的外部催化剂，市场失灵和政府规制失灵是粮食质量问题形成的根本原因。要解决粮食质量问题，首先应解决粮食市场的市场失灵和政府规制失灵问题。政府规制是纠正市场失灵的重要手段，但政府规制失灵会降低政府规制的效率。因此，解决政府规制失灵是确保粮食质量安全的关键。从第六章对社会背景因素的分析来看，大多社会背景因素属于政府行为。因此，本章主要研究以政府为主导的确保粮食质量安全的理论框架设计。政府规制失灵的主要原因是政府的规制过度或规制不足，而政府与市场的边界划定是规制程度的主要影响因素。为此，本章在农业供给侧结构性改革背景下，对政府调控边界进行了划分，确定政府责任体系，在此基础上设计了政府确保粮食质量安全的制度安排，并对政府调控要素进行了分析。

第一节 政府的调控边界划分

我国正处于粮食市场化改革的进程中，农业供给侧结构性改革必须坚持粮食市场化改革不动摇。我国 2017 年中央一号文件指出，我国进行农业供给侧结构性改革必须处理好政府与市场的关系。陈锡文在全国政协十二届五次会议第二次全体会议上也强调深入推进农业供给侧结构性改革，必须要处理好政府与市场的关系。因此，处理好政府与市场的关系，是农业供给侧结构性改革的重要内容，也是确保粮食质量安全的必要条件。根据我国市场化改革方针，要使市场在社会资源配置中起决定性作用，因此政府的调控不能逾越市场的决定性地位。胡家勇（1996）曾指出，政府调控边界有三个层次，一是政府调控应该严格控制在市场失灵范围之内；二是政府调控应限于能够修补的市场缺陷之内；三是政府调控应遵循成本收益原则。笔者借鉴了这三个层次来分析我国粮食质量安全的政府调控。

一、限于市场失灵范围

政府的作用是解决市场失灵问题。市场失灵是由信息不对称造成的。要改善这种状态，政府一方面要促进粮食企业主动向消费者传递更多的信息，另一方面要提高消费者对信息的利用效率和效果。为了做到这两点，政府首先要认清粮食企业的质量安全直接责任主体地位，而不应取代粮食企业的地位。信息不对称不仅存在于粮食企业和消费者之间，也存在于粮食企业与政府规制者之间。因此，政府规制者和消费者作为信息劣势方，难以真正保障粮食质量安全。为了有效推动粮食市场化改革，我国政府对粮食质量安全的调控应该遵循以市场为导向的原则，将粮食企业作为直接保障质量安全的主体。从国际上食品质量安全的规制变化来看，目前的欧洲食品安全法规已经体现了让企业在食品安全控制上承担更多责任的特点（陆彬，2012）。企业有主动提供质量安全产品的市场激励，并且粮食企业更倾向于通过自我规制提高产品质量。Segerson（1999）对政府的强制性规制和企业的自我规制进行了比较，认为企业更喜欢自我规制，但是自我规制效果受消费者所获信息情况和消费者对食品安全风险的认知影响。自我规制是由企业或产业自发组织制定并在内部自愿实施，外部正式或非正式支撑体系构成其外在激励约束机制的一种特定规制形式（杨志强和何立胜，2007）。自我规制在解决市场失灵方面具有规制成本较低、规制效率高、反应能力和灵活度极强等优势，它在一定程度上能克服市场失灵和政府规制的不足，是一种介于政府规制和市场规制之间的规制手段。自我规制独特的优势被社会各界所关注，同时企业也存在进行自我规制的各种动机。这些动机包括收益成本的考虑、企业声誉的维护、减少外部规制、企业创新驱动、纠正市场失灵、强化企业地位等（常健和郭薇，2011）。然而，自我规制存在规制者和被规制者角色重叠、缺乏透明度等自身的弱点，因此，不少学者认为自我规制和政府规制相结合是解决市场失灵、提高经济效率和自我规制效率的有效途径（Ruhnka 和 Boerstler，1998；Senden，2005；Eijlander，2005）。Noelke 和 Caswell（2000）对农产品供应链范围内的食品安全系统效率的研究表明，企业的自愿规制和过失责任规则能提供最高水平的农产品质量安全。

二、限于修补市场缺陷范围

在粮食质量安全方面，政府要修补的市场缺陷包括短缺的粮食质量信息、失控的粮食市场监管、无序混乱的粮食市场秩序。由于粮食质量信息属于一种俱乐部产品，政府要为信息的私人提供者建立和保护产权创造良好的制度环境，同时也要为提高消费者获得和使用粮食质量信息的能力提供政策支持，为粮食企业有效传递产品质量信息提供制度安排。粮食市场监管要随着市场的发展变化而发生转变，例如我国对粮食收购主体的市场收购资格审核无法适应市场实际情况，市场准入的高要求导致收购主体出现无视国家政策和法规的现象，导致粮食收购市场的相关规定形同虚设，在此情况下，2016 年我国国家粮食和物资储备局修改了《粮食收购资格审核管理暂行办法》（国粮政〔2004〕121 号），降低了粮食收购主体的资格审核要求。维持良好的粮食市场秩序是保障粮食质量安全的基础，粮食市场秩序的管理可以采取行业自律和政府规制两种形式，行业自律从理论上能获得更好的效果，但是现实情况并没有达到预期效果。江南大学国家社科重大招标课题《食品安全风险社会共治研究》与教育部《中国食品安全发展报告》课题组联合发布的《2014 年中国食品安全状况报告》显示，课题组通过对江苏、四川、重庆、山东等 10 个省市的 3984 户生产农户的调查发现，农村"一家两制"的农产品生产行为比例超过30%，我国农产品的生产经营者自律机制总体上尚未完全建立。曾艳等（2014）指出我国各地政府在地理标志农产品品牌建设过程中，曾明确地理标志农产品生产规范，并积极推动相关合作组织进行行业自律，但这些举措因执行成本和组织规模等因素的影响并没有带来预期效果，这些组织因无法对其成员形成有效约束，导致某些生产者搭便车行为引发的株连效应严重影响了地理标志品牌的健康有序发展。如何将行业自律和政府规制有效结合需要根据实际情况进行制度安排。

三、限于不违背收益成本原则范围

政府调控要遵循收益成本原则。政府调控应坚持促进社会福利最大化原则，并要考虑调控带来的社会收益是否大于或等于调控成本。Antle（1996）认为是否采用食品安全规制要根据成本收益分析获得的实证结果进行判定，成本收益分析也是选取规制方式的重要依据。成本收益分析是一种事前分析，即通过对不同的食品安全规制政策进行比较，选出收益成本差相对较高的一种方案。Antle（1999）对识别食品安全规制的成本和收益的概念和方法进行了阐述，认为食品安全规制的收益可运用减少发病和死亡的风险的消费者支付意愿表示，消费者的支付意愿由治疗疾病的费用、生病期失去的工作收入、避免疾病的费用和疾病带来的潜在隐患四个部分组成；成本由企业执行规制的成本加上规制对企业生产经营带来的影响组成。如果运用这些指标来衡量粮食安全规制的效果，存在比较大的困难。一是规制对企业生产经营带来的影响并不能在事前得知，二是粮食属于食品的一种，粮食消费带来的疾病很多是慢性和隐性的，不容易计算或估算为减少发病和死亡风险的消费者支付意愿。现实生活中，政府对质量安全的规制采用投入产出效率分析。张肇中（2014）对2000—2009年我国食品安全规制的投入产出效率进行了研究，以食品安全抽查总件数和卫生监督技术人员数量作为投入量，食品抽查合格率和食品经常性检测合格率为产出量，采用DEA的VRS模型计算规制效率，发现2008年以前，食品安全规制的投入规模报酬均为递增，2008年开始出现规模报酬递减的情况，到2009年也是递减的。但是这种变量的选取并没有体现成本和收益，且变量单一，本身存在比较大的局限性，并不能很好地反映政府规制的效果。由此可见，要计算或评估政府调控的收益成本是一件非常困难的事情。选择哪种变量和方法进行收益成本分析会对结果产生极大的影响，并且政府调控的收益和成本的时间长度难以把握，另外不少变量难以在实际中获取和计算。Ragona和Mazzocchi（2008）指出由于事前和事后评价不平衡、规制动态影响难估算、有效数据缺乏等原因，导致食品安全规制效果难于计算。因此，收益成本计算在理论上可行，却难于进行实证分析。除此之外，食品安全规制的成本收益难以衡量是由食品安全本身难以衡量导致的。政府调控如何遵循成本收益原则需要根据粮食质量安全的度量和粮食消费特点等进行具体分析。我国政府对粮食质量安全的调控可以采用规制试点方法，对控制组和实验组的关键变量（例如粮食质量安全的度量指标）进行对比分析，从而获得规制效果评价。

第二节 责任体系框架设计

责任体系，不但影响粮食质量安全政策、制度的制定和实施，也关系到相关政策和制度的执行效率是否达到预期目标。建立合理的粮食质量安全责任体系是实施我国粮食质量安全调控战略的前提。因此，有必要对我国的粮食质量安全责任体系进行总体设计，并对总体设计中的要素结构进行系统分析。

一、基于"三要素说"责任体系总体设计

责任具有两层意思，一是指一种分内应做的事情，二是指没有做好自己的事情，而应承担的后果或强制性义务。责任是一个完整的体系，包涵责任意识、责任能力、责任行为、责任制度和责任成果五个方面（唐渊，2010）。这是从个人的责任内容及约束条件对责任内涵进行的微观层面的阐述。对于粮食质量安全责任的归属主体，有不同的观点。从粮食质量安全的公共属性来看，粮食质量安全责任是政府的责任；从粮食的私人商品属性来看，粮食质量安全是企业的责任；从粮食质量安全的社会属性来看，粮食质量安全是全社会的共同责任。因此，粮食质量安全责任并不是某个人或某一部门的责任，而是涉及多个责任主体。因此，粮食质量安全责任体系首先应该明确其责任主体。

从责任的内涵来看，责任意识、责任能力和责任行为主要受到责任主体的主观能动性和社会意识形态的影响，责任制度是约束责任主体行为的客观规范，责任成果受到责任意识、责任能力、责任行为、责任制度的影响。不同的责任主体由于人体差异的存在，表现出的责任意识、责任能力和责任行为存在很大的异质性。但是责任制度能够减少这种由于个体差异带来的责任行为差异。由此可见，责任制度作为影响责任主体行为的主要外在约

束,是影响责任实现的重要因素。因此,粮食质量安全的责任体系应该对不同的责任主体设计科学合理的责任制度。

责任主体的划分和责任制度的设计,最终都是为了责任目标的实现。责任目标是责任的执行方向,是责任实现的终点。反过来,责任目标要依据责任主体的实际情况和客观条件约束进行制定。责任目标太高,责任难以得到执行,从而无法实现;责任目标太低,责任成果无法满足现实需求。从我国粮食质量安全的现状来看,粮食质量安全需求正在随着人们的消费转型逐渐增加,如果粮食质量安全的责任主体的责任目标没有提高,那么就会使得消费者对粮食质量的信心大幅度下降,导致我国粮食行业的发展缓慢,并且面临的国际竞争越来越激烈。

因此,我国的粮食质量安全的责任体系主要包括责任主体的划分、责任制度的设计和责任目标的制定。从经济学的角度来看,粮食质量管理是一个政府、粮食企业、消费者、中间社会团体等多元化主体的共同博弈。但是从我国国情来看,由于粮食企业具有规模小、分布分散等特点,消费者组织和社会中间团体建设严重滞后,我国粮食质量安全的管理是由政府主导的,其他主体处于相对弱势地位。并且,我国以政府为主导的粮食质量安全管理模式在很长一段时间内都要发挥重要作用。因此,粮食质量安全责任体系构建是以政府主导的责任体系。

二、责任主体划分

从以上分析可以看出,企业是粮食质量的直接责任主体。但是由于粮食质量体现了信任品属性,容易造成市场失灵,企业保障粮食质量缺乏激励,需要政府进行规制,政府成为保障粮食质量的主要责任主体,负责协调粮食生产者和消费者之间的关系,确保粮食质量安全。但是由于政府自身的局限性,在管理粮食质量安全方面存在失灵的情况。因此,需要社会团体等第三方力量代表社会参与粮食质量安全管理，所以各种相关社会团体也是粮食质量安全的责任主体。由于目前我国粮食企业的成熟度不高，社会团体建设不完善，粮食质量安全的责任成了政府的主要责任。政府责任范围的扩大已经模糊了市场的边界，因此，我们要合理划分三大主体责任，必须要先从研究政府的责任出发，通过改变政府的责任内容和目标，最终形成一个合理的粮食质量安全责任体系。

三、责任制度的设计

由于粮食质量安全是全社会的共同责任，主要责任主体包括粮食企业、政府、相关社会团体。因此，我国粮食质量安全的责任制度要对各个责任主体的责任进行安排。从以上章节的分析来看，我国应该建立大型粮食企业的质量安全标准、信息披露、经营记录等制度，相关规制机构的问责制度，社会团体的准入和独立行驶权利制度等。目前，我国的粮食生产以散户为主，很多散户进行粮食生产的目的多元化，并不仅仅出于商业目的。因此，相对以商业利益为主要目标的粮食企业而言，即使在没有监管的情况下，散户滥用化肥农药的发生概率也要低很多。因此，我国对粮食生产主体的粮食质量安全制度安排应该集中在具有一定规模的专业粮食生产企业和粮食加工企业。由于我国管理粮食的相关部门缺乏有效的问责机制，政府与企业合谋的事件时有发生。因此，要明确各级政府部门的责任内容，并对责任的执行和结果进行问责，才能对这些机构形成最大程度的权力约束，提高规制效率。由于消费者或企业的个人力量非常薄弱，面对政府的强势地位，只有形成相关的社会团体才能形成稳定的三角制衡关系。因此，我国需要建立相关的制度，赋予相关的社会团体对等的权利和责任，激励这些团体能够真正地参与粮食质量安全的管理。然而，要让粮食企业和社会团体的相关制度得以建立，首先必须调整政府规制机构的责任制度。现阶段除了建立政府的粮食质量安全问责机制外，还要逐渐缩小政府的责任范围，划定政府的规制边界。

四、责任目标的确定

粮食质量是动态的、变化的、发展的概念。因此，粮食质量安全目标因为角度不同而表现出很大的差异。根据本书对现阶段粮食质量安全的定义，粮食质量安全是指在满足人类人体膳食营养需要的同时，粮食的生产、流通和消费过程对人类的生命、环境可能产生的损害控制在人类能接受水平以下的状态。从我国目前的粮食质量问题来看，我国现阶段的粮食质量安全主要是保障消费者的粮食消费免受生物性污染、化学性污染和放射性污染。生物性污染指土壤、空气和水中的微生物通过粮食籽粒、雨水、粮食加工器材等传播到食用粮食中，主要包括真菌毒素、外来物种入侵、动植物病虫害等的污染。化学性污染表现为化肥、农药、重金属元素等在粮食生产环节的残留，以及工业"三废"（废气、废水、固体废弃物）中的有害元素和工业化学品对粮食加工过程及其包装、容器材料等的污染（王保民、张峣，2013）。放射性污染指放射性元素对粮食的污染。在保障粮食消费免受这三种污染的前提下，我国粮食质量安全的最终目标是满足人类人体膳食营养的需要。

第三节　保障粮食质量安全的制度设计

一、制度的概念界定

制度是一种行为规则，这些规则涉及社会、政治及经济行为（Schultz，1969）。规制系统、规范系统和认知系统是制度的三个重要组成部分(Scott, 2001)。根据 Scott 的观点,规制强调明确、外在的具有强制性的各种规制过程,包含规则、法律、奖惩等系列指标;规范是基于社会责任和道德评价的规则,包含规范性的合格证明、资格承认等;认知是基于共同理解的信念和行动逻辑,可以用具有模仿性的共同信念、共同行为逻辑等指标表示。其中,法律制裁、道德支配、被认可的文化支持构成了规制、规范和认知的合法性基础。生活中的制度都是由这三大组成部分的不同组合形成的,这三个组成部分的结合方式直接影响着制度的实施效果,如果这三个组成部分出现错误的结合,将直接引发不同的行为选择,从而出现混乱与冲突,并极有可能导致制度的变迁(斯科特, 2010)。

二、中国粮食质量安全制度的特点

目前,我国的粮食质量安全制度多基于规制层面,缺乏规范层面和认知层面的合理引导。粮食质量安全的管理以政府监管为主,粮食企业履行质量安全社会责任为辅。我国保障粮食质量安全的制度分为行政制度和法律制度,行政制度以粮食安全省长责任制为主,法律制度包括《农产品质量安全法》《产品质量法》《食品安全法》和《粮食质量监管实施办法》等法律法规。粮食安全省长责任制的内容包含了农业投入品监督管理制度、粮食供给全过程监管制度、超标粮食处置长效机制、粮食质量安全监管责任制和责任追究制度等粮食质量安全保障制度。农业保险制度、轮换管理和库存监督制度、粮食经营、加工企业最低最高库存制度、国有粮食仓储物流设施保护制度、产粮大县粮食产量抽样调查制度和粮食经营信息统计报告制度等粮食质量支撑制度也是粮食安全省长责任制的一部分。根据现代治理理论,政府规制、市场自我治理机制和社会自愿机制是维系市场秩序治理的三大基本机制(张肇中, 2014)。而我国目前的这一制度安排过分强调政府的监管职能，而忽视了企业或行业自律和社会资源治理制度的建立。为此，我国应该大力加强企业或行业自律的制度建设，并为社会团体或组织资源参与粮食质量安全的规制营造良好的制度环境。

三、三角制衡制度体系设计

为了提高政府规制效果，Martinez 和 Fearne（2007）提出了政府与企业合作规制的思路。合作规制有助于降低企业遵守规制的成本，以及充分发挥企业本身的信息优势实施良好的过程监控。合作规制也存在潜在的规制俘获、加剧规制过程中的不平等性等挑战。合作规制方式被概括为两种，即"自上而下"和"自下而上"。目前，我国采用的是"自上而下"的规制方式，也有学者认为这一方式符合我国现阶段国情的需要（张肇中，2014）。但是，这种规制方式也暴露了很多问题，我国以政府规制为主的粮食质量安全规制方式效率低下。在这种情况下，为了最大限度地发挥企业的自我规制功能，需要使这一方式向"自下而上"的规制方式转变。"自下而上"的合作规制不存在政府的强制性规制，政府为企业发挥自我规制作用提供了各种制度支持。要形成这样的规制方式，需要满足制度环境、企业的自我监管能力、公共部门与私人部门共同参与、信息透明度、公共和私人利益的协调等先决条件（Martinez 和 Vergruggen，2013）。目前，由于激励机制缺乏、企业自身对粮食质量安全的重要性缺乏认知、公共部门与私人部门共同参与度不高、信息透明度不高等原因，导致我国粮食企业缺乏自我规制。

因此，我国要进行制度创新，积极发挥粮食企业的自我规制作用。粮食企业是我国粮食质量安全的直接责任主体，是推动农业供给侧结构性改革的主力军。为了突出粮食企业的直接责任主体地位，我国应该建立以粮食企业的自律制度为核心，政府规制

和社会自愿规制为企业自律提供外部约束的三角制衡制度体系
（如图 7-1 所示）。这一制度体系中，粮食企业的自律制度是保
障粮食质量安全的核心制度，政府规制和社会自愿规制则共同作
用于企业，促使企业担负起粮食质量安全责任，主动履行企业自
律制度。而社会自愿规制有利于防范粮食企业与政府之间出现规
制俘获。同时，政府与社会团体之间也相互监督，形成竞争，促
使各自提高规制市场的效率。

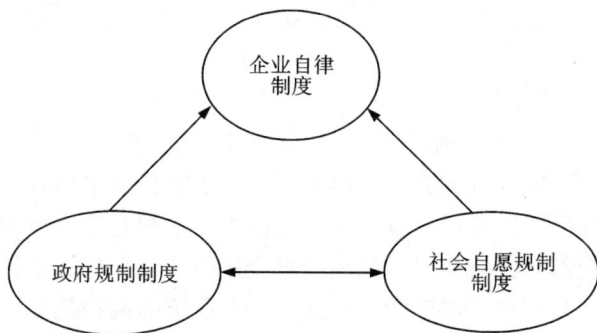

图 7-1　粮食质量安全的制度体系

第四节　调控要素分析

一、调控对象

根据粮食质量安全的制度安排设计分析，政府调控应以粮食
企业为主要对象，并对消费者行为进行合理引导和政策指导。由
于粮食质量安全涉及粮食生产、加工、存储、运输和消费等环节，
需要进行调控的粮食企业及相关企业的类型众多，规模庞大。因
此，有必要对不同的相关企业进行界定。从我国农业供给侧结构

125

性改革的国家方针来看，主要是从源头抓起，对粮食生产、加工和存储企业的质量安全进行调控。从我国的粮食相关企业的经营内容来看，一般的粮食生产、加工和销售企业都需要对粮食进行存储和运输。由于企业的纵向一体化发展，特别是大型的粮食加工企业，已经集生产、加工、存储、运输于一身，专门的粮食物流企业也已经由单一业务向综合业务发展转变。由于国家粮食收储政策的实施，粮食存储企业是以中央储备粮总公司及其下面的代储企业为主的，因此，本书所说的调控对象主要是指粮食生产企业、粮食加工企业和粮食存储企业。

二、调控手段

对于粮食质量调控，我国长期采用以政策、制度调控为主，法律调控为辅的调控方式。改革开放以来，我国中央政府先后制定与粮食生产和流通质量安全相关的农产品质量安全政策。并且这些政策都是在发生严重的质量安全事件之后，根据质量安全方面存在的问题进行调整的，并没有一个系统的调控规划。从时间的先后顺序来看，我国粮食质量调控采取的是政策先行，法律后行的调控顺序。历年的中央一号文件的相关内容都体现了这些特点。自 2004 年起，除了 2011 年，我国每年的中央一号文件几乎都包涵了农产品质量安全内容，体现了粮食生产、加工和流通方面质量安全的相关内容。从历年的中央一号文件内容来看，提高农产品检验检测能力出现的频次最多，其次是对农药、添加剂等投入品的管制，以及农产品原产地标记、地理标志等品牌建设和农产品质量追溯制度的建设。随着各种农产品质量安全事件的发生，2008 年中央一号文件首次提出农产品质量安全风险评估制度建设。与此同时，我国中央一号文件对于粮食质量安全的责任划分进行了调整，强化了企业和地方政府的质量安全责任。2009 年开始强化企业的质量安全责任，提出建立农产品生产经营质量安全征信体系。2014 年开始强化地方政府责任，强调农产品质量安全的地方政府属地管理和生产经营主体责任。为了减少企业发生安全事故后的损失，2017 年首次提出鼓励生产经营主体投保食品安全责任险。从中央一号文件对相关立法工作的部署来看，2005年提出了加快农产品质量安全立法。在这一背景下，我国政府于2006 年实施《中华人民共和国农产品质量安全法》。2007 年中央一号文件提出认真贯彻农产品质量安全法。2008 年爆发全国性的奶制品污染事件。在此背景下，2009 年的中央一号文件提出抓紧出台食品安全法，我国于 2009 年开始实施《中华人民共和国食品安全法》。虽然有了相关法律的出台，但随后的几年，我国相关的农产品和食品质量安全水平并没有得到很大程度的提升。随着"五常大米香精事件""镉大米事件""转基因大米事件""'以陈顶新'勾兑米事件"等的发生，2017 年的中央一号文件提出抓紧修订农产品质量安全法。由此可见，我国的法律调控严重滞后于政策和制度调控，没有对相关企业和部门的责任落实起到显著作用。并且，我国相关的政策调控并没有形成相应的制度，造成政策没有落到实处。因此，我国应该强化法律和制度调控手段，采取政策调控、制度调控和法律调控同步的方式。

三、调控内容

根据我国调控手段的划分，我国的粮食质量安全调控内容可以划分为政策调控、制度调控和法律调控。

（一）形成统一的粮食质量安全政策体系

目前，我国有关粮食质量安全的综合政策包括《国务院关于建立健全粮食安全省长责任制的若干意见》《粮食行业"十三五"发展规划纲要》《国家粮食安全中长期规划纲要（2008—2020年)》《"十三五"国家食品安全规划》《中国食物与营养发展纲要

(2014—2020)》等。这些综合政策仅仅将粮食质量安全作为内容的一小部分进行涉入，专门的粮食质量安全文件是《粮食质量安全监管办法(2016 修订)》，但其内容存在不少局限性。一是《粮食质量安全监管办法(2016 修订)》主要覆盖的监管活动范围为开展粮食收购、储存、运输、加工和销售等经营活动，并不包括粮食生产活动。二是《粮食质量安全监管办法(2016 修订)》所说的加工仅仅指政策性粮食的加工，并不包括商业粮的加工。除了以上这些政策，也有针对粮食供应链不同环节安全管理的政策发布。生产质量安全政策主要体现在《全国农业现代化规划(2016—2020 年)》《2016 年食品安全重点工作安排》《国务院办公厅关于健全生态保护补偿机制的意见》《土壤污染防治行动计划》《国务院关于实行最严格水资源管理制度的意见》《水污染防治行动计划》《国务院关于加强食品安全工作的决定》等文件中。在流通方面的政策主要体现在《粮食收储供应安全保障工程建设规划(2015—2020 年)》《国务院办公厅关于进一步促进农产品加工业发展的意见》《全国农产品加工业与农村一二三产业融合发展规划(2016—2020 年)》《粮食流通管理条例》等文件中。从以上文件可以看出，有关粮食质量安全政策是由多个不同部门制定的，并且大多包含在粮食安全、农产品安全和食品安全的内容当中。因此，我国应该形成上下统一、各部门协调的粮食质量安全政策。

（二）依据中央和地方政府责任分工调整粮食质量安全的相关制度

从我国目前的制度调控来看，我国粮食质量安全主要采取粮食安全省长责任制。粮食安全省长责任制是从粮食省长负责制演变而来的。1995 年开始，我国粮食管理实行省长负责制，省级政府对本区域内粮食的供需平衡和粮价的相对稳定负责。这一制度是对我国粮食流通体制的重大改革，是以保护粮食自给和粮价稳定为目标的，对于稳定区域粮食生产取得了非常好的成绩，但自实施后暴露了粮食流通不畅等问题（鲁晓东，1998；郭玮和王来武，1998）。从整个内容来看，制度注重粮食数量安全，很少涉及粮食质量安全问题。随着国内粮食生产实现连年增产，中央政府在粮食收购上面临的财政压力越来越大，而一些地方的粮食安全意识也开始淡化，出现放松粮食生产、忽视粮食流通、过度依靠中央的现象。在新时期我国粮食安全面临的复杂形势和艰巨挑战下，为了强化地方政府粮食安全责任和减少中央财政压力，国务院 2015 年先后发布《关于建立健全粮食安全省长责任制的若干意见》和《粮食安全省长责任制考核办法》，将之前的粮食省长负责制中省长的责任划分得更加全面，并将健全粮食质量安全保障体系作为其责任之一。为了落实这一制度，国家粮食和物资储备局及各地方粮食部门又相应制定了粮食质量安全追溯制度、超标粮食处置长效机制、粮食质量安全监管责任制和责任追究制度等，以强化地方政府粮食质量安全属地管理责任和粮食经营者主体责任。根据《国家粮食和物资储备局关于推进落实粮食质量安全保障机制的意见》，省级粮食部门要建立粮食质量安全信息通报机制、国有粮食企业质量安全情况报告制度和超标粮食处置长效机制，制定并严格实行粮食质量安全监管责任制和责任追究制，建立粮食企业守法诚信评价制度、责任约谈机制和企业质量安全主体责任追究制度，建立国家粮食质量监测机构定期监督检查制度、准入退出制度、年度工作报告制度、检验技术人员定期培训制度和比对考核制度等。除此之外，农业农村部和国家市场监督管理总局还联合制定了食用农产品质量安全监管信息共享制度与风险评估结果共享制度、食用农产品产地准出和市场准入管理制度以强化食用农产品质量安全监督管理工作。农业农村部主要从粮食生产的角度制定了农产品质量安全信息发布制度、食用农产品合格证管理制度和无公害农产品认证制度等，国家市场监督管理总局主要从流通和消费环节制定了食品生产许可制度、食品经营许可制度、食品召回管理制度、食品安全抽样检验管理制度等。这样的制度安排过度强调了地方政府的责任，容易导致因政府规制过度而带来的规制失灵。因此，我国应该建立适度规制的调控制度安排。

（三）完善我国质量安全的法律法规

有关粮食质量安全的法律法规主要有《中华人民共和国食品安全法》《中华人民共和国食品安全法实施条例》《中华人民共和国农产品质量安全法》《中华人民共和国产品质量法》《中华人民共和国种子法》《中华人民共和国农业法》《中华人民共和国土地管理法》《中华人民共和国水污染防治法》《粮食流通管理条例》和《中央储备粮管理条例》《基本农田保护条例》《农药管理条例》《食用农产品市场销售质量安全监督管理办法》等。其中，《中华人民共和国农业法》虽是保障我国粮食安全的基本法，但其内容并没有对粮食质量安全做出相关规定。从以上的法律法规来看，与粮食质量安全极度相关的法律法规仅仅包括《中华人民共和国农产品质量安全法》《粮食流通管理条例》《中央储备粮管理条例》。能够直接或间接地在一定程度上反映粮食质量安全的法律内容零星地分散于或蕴涵于其他法律法规中（乔兴旺，2008）。虽然我国国务院法制办于 2012 年公布了《粮食法（征求意见稿）》，但直至现在，正式的《粮食法》并没有出台。由此可见，我国并没有专门的粮食质量安全法律，绝大部分相关立法最初并不是为了维护粮食安全的，从而导致相关立法中有关粮食质量安全的内容也只是一种附属产物。因此，我国应该强化法律在粮食质量安全规制中的作用，完善相关法律体系。

第八章　确保粮食质量安全的对策建议

在第七章对粮食质量安全的调控框架设计的指导下，本章提出在农业供给侧结构性改革背景下确保粮食质量安全的对策建议。因为我国采取以政府为主导的粮食质量安全管理体系，政府责任体系不但影响粮食质量安全政策、制度的制定和实施，也关系到相关政策和制度的执行效率是否能达到预期目标，还关系到粮食企业和社会团体的责任划分。因此，本章首先对加强粮食质量安全的政府责任体系建设提出了建议。政府进行粮食质量安全调控的前提是了解粮食质量安全状况。而粮食质量安全综合性客观评价是政府调控的重要参考依据。因此，要确保粮食质量安全，本章提出我国需要建立粮食质量安全综合评价体系，追溯粮食质量安全问题的形成原因，然后根据粮食质量安全的现实情况和农业供给侧结构性改革的需要，从政策调控、法律调控和制度调控三个方面完善我国粮食质量安全管理体系。

第一节　加强粮食质量安全的政府责任体系建设

一、政府责任体系理论框架构建

关于粮食质量安全的政府责任体系的研究，是理论界的前沿研究领域。国家统计局重庆调查总队课题组（2015）初步提出了粮食市场的政府责任体系这一概念，但并未对政府责任体系的设计与构建做进一步阐述。陈敏（2005）将粮食安全责任分为危机管理责任和常规调控责任两类进行讨论；庞增安（2009）认为粮食安全责任包括责任意识、责任目标、责任机制三个内容。责任意识是影响责任执行的重要因素，其作用于责任主体。因此，明确责任主体是责任意识产生的前提。我国粮食安全责任主体是政府，政府本身是一个庞大的组织机构，责任主体的确定显得尤为重要。目前，我国政府责任主体不明晰是造成政策执行效率低下的一个重要原因。因此，以上研究忽视了责任主体这一重要因素。就粮食质量安全责任体系的研究而言，曾晓昀（2016）指出粮食质量安全是粮食安全的高层次要求，是《中华人民共和国粮食法》安全价值的基本体现，因此有必要建立包括行政责任、法律责任和社会责任的全面的粮食质量安全责任体系。这一体系虽然借鉴了政府责任体系的理论内容，但强调政府、企业、个人等不同责任主体的责任，并没有对政府责任进行专门分析。

要合理构建粮食质量安全的政府责任体系，应把握政府责任体系的内涵。政府责任体系指政府责任的各种表现形式，即各种责任现象所构成的有机整体，宪法责任、政治责任、行政责任和道德责任共同形成政府责任体系（蔡放波，2004）。这一概念是从责任的类型对政府责任体系进行界定的，强调政府代理人民管理国家或地方事务时应该受到的各种约束。然而,这些约束要得到有效执行,必须以责任主体清晰、责任目标明确为前提。目前,我国政府执行责任效率低下的现实同责任主体不明确、责任目标不清晰存在强相关性。为此,在第七章的责任体系研究基础上,本章提出责任主体、责任目标和责任机制三要素共同构成粮食质量安全的政府责任体系(如图 8-1 所示)。这一责任体系围绕政府这一责任主体而进行研究,强调政府的粮食质量安全责任,以追求政府责任执行效率最大化为最终目标。

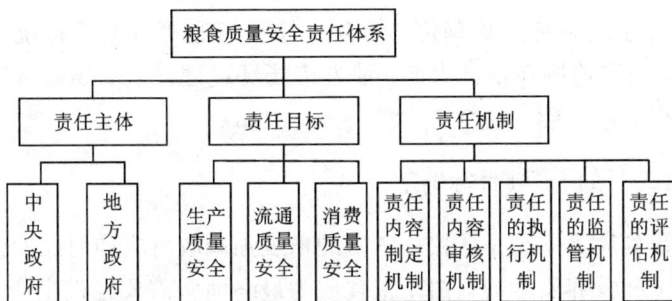

图 8-1 粮食质量安全责任体系框架

(一)政府责任主体划分

由于粮食质量安全属于政府责任,因此,我国粮食质量安全的责任主体是政府。从政府的职能分工来看,政府包括中央政府和地方政府。责任主体在责任的履行过程中,要遵循以下几个原则。①市场原则。政府要遵循市场规律,建立良好机制以避免或纠正国内外粮食市场失灵,平抑粮食价格波动,确保粮食质量安全。②义务原则。从生存权和政府职能来看,政府必须满足所有国民的粮食消费需求及安全,有义务为低收入家庭提供粮食援助,为国民获取安全的粮食提供保障。③综合性原则。政府不能只单方面追求粮食生产质量的提高,而忽视了粮食流通和消费环节的质量安全。政府对粮食市场的治理模式要综合考虑粮食生产、流通和消费的质量安全。④分工原则。合理区分中央政府与地方政府责任的前提是转变政府权力执行模式。目前,我国应使政府权力方式由专断性权力向制度性权力转变,采取自下而上与自上而下相结合的运行方式,形成国家与社会的有效互动(包刚升,2013)。一般来说,中央政府执行统一职能,地方政府担当竞争职能(周攀、颜永容,2010)。由于粮食市场是不可分割的,中央政府在政策和法规制定、粮食仓储和流通等方面执行统一职能,地方政府则在粮食生产、地方市场环境建设、市场监督等方面承担竞争职能。

(二)政府责任目标确定

粮食质量安全是从粮食消费的角度强调政府应如何保障粮食的质量和营养安全的。由于粮食成为最终消费需要经过生产、流通和消费等环节,粮食质量安全目标主要是保障这三个环节的质量安全(见图8-1)。其中,生产作为粮食供应链的源头,是保障粮食质量安全的关键。影响粮食生产质量的因素非常复杂,涉及生态、技术、监管等。流通环节更多地强调原粮或加工粮的收购、运输、存储、加工的质量完好,防止粮食因霉变、虫害或有害添加物影响人类健康。消费环节强调政府如何提高民众粮食消费安全意识和引导科学合理的消费行为,保障消费环节粮食质量安全。由于消费质量安全很大程度上取决于生产和流通质量安全,且仅仅因消费不当引发的质量安全问题主要是受消费者行为影响,所以本书主要讨论粮食生产、流通质量安全。

(三)政府责任机制设计

为了实现以上三大责任目标，国家应建立相应的责任机制。政府责任机制是指在科学划分政府责任的基础上，为实现和维护公共利益、保障公民权利，通过制度安排而形成的政府责任系统内各责任构成主体之间循环反复出现、具有某种规律性与稳定性的相互联系与相互作用的模式及运作方式(曾晓昀，2016)。从公共行政学的角度来看，责任机制应兼顾效率与公平，具有工具理性和价值理性的双重特征，能促进粮食安全责任实现合民意、合效能。

从责任的实现过程来看，责任机制包括责任的制定、审核、执行、监管、评估机制。这五大机制紧密相接，而粮食质量安全的责任内容制定最为关键，它对责任的执行和责任目标的评估具有决定性影响。责任内容制定是否科学，直接关系着责任的实现。因此，责任内容的审核十分重要，是责任执行前的第一道检查关口。同时，责任的运行是否与责任内容、责任目标保持一致，也影响着责任的实现，所以对责任行为的监管尤为重要。责任行为的监管包括对责任内容的制定和执行的监管。责任目标的评估是一种反馈机制，负责查看责任执行结果与责任目标是否一致，并寻找存在差异的深层次原因，为下一轮责任内容的制定提供依据，是考察粮食质量安全责任执行效果的重要途径。

二、当前政府责任体系存在问题

(一)粮食质量安全的中央责任主体过多

据不完全统计，我国与粮食质量安全相关的中央部门多达14家(Wu 和 Chen，2013)，并分属于不同部门，造成责任主体不明

135

晰。具体来说，我国农业农村部、国家粮食和物资储备局分别负责全国粮食生产、储备粮的质量安全；国家市场监督管理总局承担监督管理流通领域的粮食质量安全责任，国家海关总署的动植物检疫司负责全国出入境粮食检验、进出口粮食安全和认证认可、标准化等工作。国家食物与营养咨询委员会（挂靠农业农村部）负责制定食物营养计划，该委员会是一个议事咨询机构，本身并不直接负责粮食质量安全。除此之外，国家卫生健康委员会有两个部门承担有关粮食质量安全的责任。一个部门是食品安全标准与监测评估司，负责组织拟订食品安全标准，组织开展食品安全风险监测和评估，承担食品相关产品新品种的安全性审查；另一个部门是国家食品安全风险评估中心，负责食品从生产到消费的全过程安全风险管理。由此可见，中央部门之间行政层级不一，隶属不同的上级部门，不利于部门间的通力合作。因此，责任主体过多容易导致责任推诿行为的发生。相比之下，美国采用大部制进行机构设置，负责粮食质量与营养安全的主要部门是农业部的食品安全与检疫局、谷物检疫、包装和仓储管理局、食品与营养中心、营养政策与促进中心等。由于责任主体都隶属农业农村部，便于部门间的协调合作，有利于责任执行。

（二）粮食质量安全的政府责任目标缺失

根据国家粮食安全中长期规划纲要（2008—2020 年），我国保障国家粮食安全的四个责任目标分别为：一是通过严格的耕地保护制度稳定粮食播种面积；二是通过提高粮食综合生产能力保障粮食等重要食物基本自给；三是通过保持合理粮食储备水平提高粮食安全保障；四是建立健全"四散化"粮食物流体系。其中，第一目标和第二目标主要体现保障粮食数量安全；第三目标和第四目标主要体现保证粮食价格安全。虽然我国在不少文件和政策中强调粮食质量安全,但并没有明确各责任主体的责任目标,各级政府忽视责任目标的实现,政策得不到有效执行,粮食质量安全无法实现。Zhang 和 Xue(2016)对我国2004—2014 年有关食品安全事件的1553 篇媒体报道进行了统计,其中有关粮食质量问题的报道占22.65%。根据英文版《中国日报》2012 年报道,官方数据显示中国8% 的耕地受到工业污染,受影响的粮食约1200 万吨,相当于每年造成大约32.6 亿美元的经济损失。由于我国粮食安全被理解为粮食数量安全,粮食质量安全的责任目标则被弱化甚至被忽略。因而,粮食数量安全不仅不能确保质量安全,而且对粮食数量的单向度追求是我国粮食质量问题的重要诱因(王保民和张峣,2013)。

（三）粮食质量安全的责任机制缺乏效率

我国粮食质量安全的责任机制主要体现在相关法律、政策文件中。多年来,我国政府先后制定并颁布了《农产品质量安全法》《食品安全法》等法律法规,以确保粮食质量安全。从历年的中央一号文件来看,2007—2009 年和2013—2015 年的一号文件制定了粮食质量安全的相关政策。特别是 2013—2015 年的一号文件强调了农产品质量和食品安全监管,并指出要提升农产品质量和食品安全水平。在此期间,2014 年国务院颁布的《中国食物与营养发展纲要(2014—2020 年)》首次体现了粮食质量安全的目标和任务,对粮食质量安全的政府责任也进行了相关规定。《中国食物与营养发展纲要(2014—2020 年)》提出了粮食数量和质量安全目标,要求建立食物数量、质量保障体系和居民营养改善体系;全面落实"米袋子"省长负责制和"菜篮子"市长负责制,建立覆盖全过程的食物安全监管制度,健全各类食物标准,规范食物生产、加工和销售行为。这一《纲要》主要对粮食质量安全目标和内容进行了阐述，但没有对粮食质量安全的政府责任主体进行细分，也缺乏政府问责机制，存在操作性问题。2015年，国家粮食和物资储备局对2004年的《粮食质量监管实施办法（试行）》（国粮发〔2004〕266号）进行了修订，形成了《粮食质量安全监管办法（征求意见稿）》，对涉及粮食收购、储存、运输、加工和销售等经营活动的主体责任进行了明确规定，并制定了具体的惩罚细则。但这一《办法》没有包含粮食生产质量安全的监管，并且还处于向社会公开征求意见阶段，没有得到具体实施。从以上情况来看，我国政府采用政策、行政和法律手段制定了相关责任内容，但责任内容制定主体过多，内容侧重责任目标和责任行为，缺乏对责任执行和实现路径的制定，同时责任主体也不够明确，整个责任机制缺乏效率。

三、完善政府责任体系的相关建议

以上对粮食质量安全责任体系的理论框架进行了设计，并运用这一框架分析了我国现有的粮食质量安全责任体系，查找了该责任体系存在的问题。基于这些分析，下面提出对我国粮食质量安全责任体系的完善建议。

（一）明确中央政府责任主体

中央政府是保障粮食质量安全的首要责任主体。然而，负责粮食质量安全的中央政府责任主体过多，多头管理带来责任执行成本较高。为了明确中央政府的粮食安全责任，需要从以下几个方面进行完善。①明确中央政府责任内容。中央政府负责粮食数量安全的整体规划，制定公平合理的地方政府责任，协调主产区、主销区和平衡区的政府责任，承担粮食价格安全责任，制定统一的粮食目标价格体系，大力倡导粮食质量安全，并制定相关的法律和政策。而且，有关全国性的粮食安全公共服务建设也是其责任之一，例如信息服务平台建设、粮食生产技术研发和推广、物流体系建设和粮食储备管理等。②整合中央政府部门结构。目前，国务院的农业农村部、国家粮食和物资储备局、国家市场监督管理总局、国家卫生与健康委员会等部门都涉及粮食安全责任，建议将粮食安全的政府组织结构重新整合，或者将各部门的责任明细化，有利于责任的执行和实现。例如，粮食生产环节是保障粮食质量安全最为重要的环节，建议农业农村部下属科室重新整合，组建一个新部门对我国粮食生产区域进行统一管理，建立永久基本农田的特殊保护制度，全权负责我国粮食生产质量安全责任。重建国家粮食和物资储备局，将其责任范围由储备扩展到运输、加工等环节，全权负责我国粮食流通质量安全。整合工商执法、食品监管部门，成立专门的食品执法部门对食品质量问题进行执法。

(二) 强化粮食质量安全责任目标

粮食质量安全责任目标缺失的原因主要有以下几个方面。一是缺乏激励机制。由于我国长期执行以追求数量安全为单目标的粮食安全战略，加之粮食质量问题由于信息不对称很难被发现，政府对于强化质量安全责任目标缺乏强有力的激励机制。二是责任目标缺乏执行主体。粮食质量安全在不少相关政策文件中多次被提及，但责任主体模糊。为此，应从以下几个方面强化粮食质量安全责任目标。①转变我国粮食安全战略。粮食安全战略应由注重数量、价格安全转变为数量、价格和质量安全并重。中央一号文件或粮食安全中长期规划纲要等指导性文件应突出粮食质量安全责任目标，《粮食法》《食品安全法》等法律的制定和修订应强调粮食质量安全的法律地位，明确责任主体的行政责任和法律责任。②细化粮食安全质量责任目标。根据粮食质量安全划分，责任目标可细分为粮食生产、流通、消费质量安全目标。粮食生产质量安全目标为：全面开展永久基本农田划定工作，实行特殊保护，防止水土污染；杜绝农药、化肥等投入品的滥用，对粮种、农药、化肥制定严格的上市制度，采取补贴、贷款优惠政策等手段鼓励发展可持续性的粮食生产方式，确保粮食生产安全。粮食流通质量安全目标为：确保我国境内粮食的收购、销售、储存、运输、加工、进出口等经营活动过程中的粮食质量安全。③明确中央和地方政府的粮食质量安全行政责任目标。由于粮食市场具有不可分割性，单个省份或地区是很难实现粮食质量安全目标的。由此，粮食质量安全责任的首要责任主体是中央政府。针对目前监管成本过高、效率过低的现实，中央政府应建立"防范大于监管"的粮食质量安全责任目标。例如，为避免农药、化肥、添加剂的滥用，中央政府应对农药、化肥、添加剂等投入品实行严格的生产、销售管理制度，并制定统一的粮食生产、流通和加工的质量安全标准和责任惩罚条例，将地方粮食生产、流通、加工等质量安全作为地方政府的一项重要考核指标，在粮食主产区开展粮食质量安全乡（镇）、县的创建活动，并运用各种奖惩政策激励地方政府执行。地方政府的粮食质量安全责任目标为保障本地区的粮食生产质量安全，需要加大对粮食加工的补贴力度，防止"稻强米弱"等现象的发生，从而导致出现粮食质量问题。制定各种政策鼓励地方对应急储备粮提高质量安全技术和改进设施，建立高效的轮换机制，完善仓储人员管理制度，确保地方应急储备粮的质量安全。

(三)建立高效的责任机制

从我国国情来看，造成责任机制效率低的主要原因是责任执行成本高和问责机制缺失。一方面，由于粮食质量安全覆盖粮食生产加工、流通和消费的全过程，涉及这一过程的经营主体众多，但都具有"小而散"的特点。这一现实导致责任执行复杂化，执行成本高，从而责任执行缺乏动力。另一方面，由于评估和监督政府责任行为的问责机制缺失，形成"重政策、轻法律"的执行环境，缺少司法、媒体和民众等主体的参与，相关粮食质量保障政策和法规形同虚设。因此，本章建议从以下几个方面建立高效的责任机制。①设计合理的责任内容机制。无论中央政府还是地方政府，责任内容的制定与修改都应承上启下，与当前粮食安全的社会需求、政策、法律法规保持高度一致，表述清晰，明确责任主体，规定相应的奖惩条例，便于执行与监督。责任内容的制定和修改应充分考虑民众、社会团体和媒体的参与，确保责任内容的可行性。例如，建立农户、粮食加工企业与粮食贸易企业的诚信档案，将其诚信评估纳入贷款、补贴等计划。激励经营主体主动保障粮食质量，减少责任执行成本。②建立高效的政府责任内容审核机制。提高人大等部门人员的审核工作效率，减少审核程序，缩短审核时间，并积极探索政府、专家、大众共同审核的运行机制。③强调以法治为主的责任执行机制。我国粮食安全的执行机制应以法律手段为主，以政策手段与行政管理手段为辅，使责任执行走向程序化和法制化。《粮食法》有利于从法律上保障人大、司法、媒体和民众的问责权利，应加快《粮食法》的立法进程，从法律角度强化粮食生产、流通与消费质量安全。④加强内外部监管，建立高效的问责机制。粮食安全行政问责涵盖已发生的重特大事故、行政决策失误和滥用职权、故意拖延、推诿扯皮等政府行为。建立中央、地方行政问责机制，可从法律上保障人大、司法、媒体和民众的问责权利。外部监管要强化粮食安全行政问责的立法、人大对粮食质量安全的问责，以及企业和民众对政府责任的社会监督。为此，应完善社会和媒体监督平台建设。例如，整合生产、流通、消费过程中的粮食质量安全投诉通道，并建立强效的反馈机制，对于投诉处理进行满意度评价，提高平台办事效率。内部监管须完善政府官员选拔机制，合理设计粮食安全责任的考核机制。⑤重视责任评估机制。采用独立机构、民众与国外机构相结合的方式，建立系统的责任评估平台，定期对粮食安全的政府责任进行评估。例如，有效衔接国家食品安全风险评估中心网站、大众评估平台和国际国内社会团体评估平台，促进评估信息的交流与合作，推动评估责任的执行。

第二节　建立粮食质量安全的综合评价体系

对粮食质量安全状况进行评价，是衡量政府或企业保障粮食质量安全效果的一种方法，也是完善粮食质量安全调控的重要参考依据。这种评价结果的获取可以采用定性或定量方法进行。定性评价和定量评价各有其优缺点，但若是对不同时期或不同地区之间的粮食质量安全情况进行评价，定量评价更加具有优势。因此，本部分首先确定粮食质量安全评价指标体系，在此基础上，运用层次分析法设计了粮食质量安全的综合评价体系。

一、粮食质量安全评价指标的确定

粮食质量安全指标是衡量粮食安全的评价指标之一。粮食质量安全是粮食安全的重要组成部分。因此，要对粮食质量安全进行评价，需要参考粮食安全指数的指标体系。从国际标准来看，联合国粮食及农业组织是运用粮食的可用性、利用率、稳定性和可获得性等指标评价粮食安全的。其中粮食利用率包括粮食质量安全。英国经济学人智库每年发布的《全球粮食安全指数报告》，运用价格承受力、供应充足程度、质量与安全这三项指标对粮食安全指数进行考核，其中质量与安全指标包括饮食多样性、营养标准、微量营养供应、蛋白质质量和食物安全。这些指标虽然包括了粮食质量安全的无危险和营养安全两个层次的指标，但更多地强调了粮食的营养要求。这一指标体系是比较全面的指标体系，但这些数据采集存在很大的局限性。从国内标准来看，粮食安全指标多从粮食供给数量的角度进行阐述，较少涉及粮食质量安全。常见的粮食安全指标有粮食自给率、粮食储备水平、粮食产量波动系数、人均粮食占有量和低收入阶层的粮食保障水平（马强，2006）。有些学者提出的粮食安全指标也包含了粮食质量安全指标。例如严瑞珍和程漱兰（2001）指出家庭和个人的营养健康是粮食安全的微观层次指标之一。杨建利和雷永阔（2014）将单位粮食产量农药残留量作为衡量粮食质量安全的指标，指标选择过于单一。

目前，我国主要运用粮食质量检测指标对粮食质量安全进行评价。但是，从我国粮食质量检测指标体系来看，粮食质量检测指标存在比较大的局限性。我国粮食质量检测的大多数指标属于感官评价指标（周雷雨，2016）。感官评价主要通过人的视觉、嗅觉、触觉、听觉等感官对粮食的质量进行评价与判断。根据我国2010年新修订的《关于执行粮油质量国家标准有关问题的规定》的相关内容，粮食采购、调运与销售的国家质量标准包括水分含量、杂质含量、不完善粒含量（生霉粒含量）、整精米率、谷外糙米含量、黄粒米含量、互混率等指标。这些指标大多属于感官指标。粮食的感官特征在很大程度上能反映化学性污染和生物性污染给粮食带来的外在变化。感官性指标相对化学性指标和生物性指标而言，检测难度较小，成本较低，容易进行实际操作。因此，粮食的感官性指标在我国的食品质量检测中被普遍使用。但是感官性指标的局限性也是极为明显的，其对于农药残留超标、重金属超标、放射性物质污染等危害难以进行检测，因为这些污染并不会明显造成粮食的外在变化。而我国目前的粮食质量问题在很多情况下体现为农药残留超标和重金属超标。因此，感官性指标并不能满足我国粮食质量检测和评价的要求，也不能适应人们对粮食质量安全需求的发展。

我国已经制定了一系列的粮食质量安全标准。根据国家卫生与健康委员会与国家市场监督管理总局共同颁布的《食品安全国家标准 粮食》（GB2715—2016），粮食的质量安全指标包括感官指标、理化指标、有毒有害菌类和植物种子限量指标、污染物和真菌毒素限量指标、农药残留限量指标、食品添加剂和食品营养强化剂指标。其中，感官指标包括色泽、气味、热损伤粒和霉变粒；理化指标包括总氢氰酸（用于检测木薯粉）和单宁（用于检测高粱米和高粱粉）；有毒有害菌类和植物种子限量指标包括对麦角、毒麦和曼陀罗属及其他有毒植物的种子的限量；污染物和真菌毒素限量指标主要指 GB2762 规定的限量要求；农药残留限量指标遵循 GB2763 的规定；食品添加剂指标按照 GB2760 的相关规定；食品营养强化剂指标遵循 GB14880 的规定。其中，感官指标中的色泽、气味并没有给出相应的限制性指标值。

粮食质量安全综合评价具有多元化。从评价指标种类来看，指标种类繁杂，有宏观层面和微观层面、个体层面和总体层面之分，也有按照粮食供应链的不同环节进行分类的。宏观层面的指标有营养标准制定或修订数量，微观层面有感官指标、理化指标、微生物指标等；个体层面有个体营养和卫生指标，总体层面包括粮食品质检测指标、粮食质量管理评价指标等；粮食供应链的不同环节质量评价的各类指标包括生产环节、流通环节、消费环节质量评价指标。

　　从我国粮食质量安全的内容来看，粮食质量安全评价指标应该包括粮食生产、流通和消费质量安全指标。但从我国对粮食质量的检测来看，我国对于粮食流通和消费环节的质量检测趋于完善，注重从供应链终端对粮食质量进行评价。但是粮食生产环节存在的质量问题也是由国家市场监督管理总局在食品抽查环节查出的，例如"镉大米事件"。由此可见，如果对粮食生产、流通和消费的质量安全分别进行评价，一是评价成本高昂，二是会有不少指标出现重复评价现象。为此，本书在总结各专家学者的相关研究时，考虑到数据收集的可行性，从粮食质量安全内涵出发，注重从粮食供应链终端进行质量安全评价，一是为了与国家相关检测标准相衔接，二是为了方便得到整个供应链存在的安全问题成因。具体来说，粮食质量安全评价指标分为两大类，一类是评价粮食危险性的指标；另一类是评价粮食营养的指标。由于粮食的感官性指标是生物性指标、物理性指标和化学性指标的外在表现，为了避免指标之间的重复，本书将粮食危险性评价指标分为粮食的生物性污染指标、化学性污染指标和物理性污染指标。其中生物性污染指标包括微生物与毒素、虫或虫卵的污染程度等指标；化学性污染指标包括农药残留量、金属污染物含量、熏蒸剂残留量、食品添加剂的危害程度、包装材料污染程度等指标；物理性污染指标包括放射性物质污染和杂质量等指标。粮食营养指标主要包括各种粮食的营养素水平和粮食营养强化剂指标。其中，粮食的营养素水平运用粮食营养素指数表示，粮食的某种营养素指数等于一定粮食中某种营养素的实际含量除以该营养素的平均含量，其中营养素包括人体所需的宏量营养素（蛋白质、脂类、碳水化合物）和微量营养素（维生素、矿物质）。

二、粮食质量安全综合评价方法选择

　　要选择粮食质量安全综合评价方法，首先要了解粮食质量安

全的评价特点及步骤。根据粮食质量安全的内涵，粮食质量安全
的评价指标包括粮食危险性指标和营养指标。由于粮食营养安全
是建立在粮食无危险的基础上的，粮食质量只有满足了无危险条
件，才能对粮食的营养进行评价。因此，对粮食质量安全的评价
应该分两步走（如图 8-2 所示）。第一步是采用粮食危险性指标，
评价粮食是否存在危险性。如果存在危险性，得到粮食质量不安全
的评价结果，就没有必要进一步评价其营养了。如果得到粮食无危
险的评价结果，那么再进行第二步粮食营养评价，根据粮食营养指
数确定粮食营养水平等级，得到粮食质量综合评价结果。

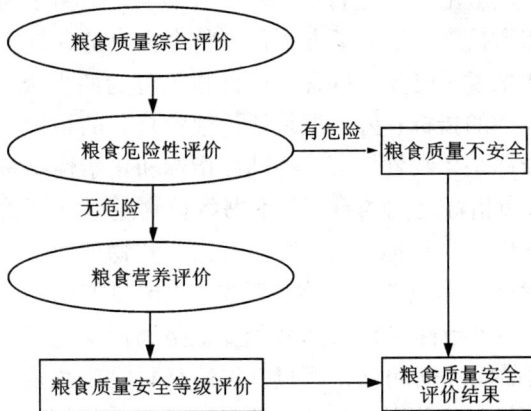

图 8-2 粮食质量安全综合评价框架

　　根据粮食质量安全综合评价框架分析，首先需要了解粮食危
险性指标和营养指标的特点。粮食危险性指标包括各种理化指
标、生物性指标等多种指标，营养指标的种类也很多。由此可
见，每个一级指标下面又分为多个二级指标，二级指标下面则由
多个三级指标组成。因此，我们在评价粮食质量安全时，需要对
下级指标进行综合评价，然后再对上级指标进行评价。为了解决

指标量纲统一问题和权重计算问题，对粮食质量安全综合评价方法的选择显得至关重要。

国内外学者对于食品质量综合评价常采用层次分析法、综合评价指数法、模糊综合评判法、主成分分析法、灰色关联分析方法。郭爱明和郭耀邦（1994）运用层次分析法对食品质量进行了综合评价；刘文（2013）设计安全指数评价法对粮食加工品进行了质量安全评价。周雷雨（2016）采用模糊综合评判方法对合格食品的质量进行了综合评价。其中，层次分析方法是被认为极为有效的一种食品质量综合评价方法。因此，本章采用层次分析方法确定各级粮食质量安全评价指标体系，然后运用 YAAHP 软件计算各级指标的权重，建立粮食质量安全综合评价体系。

三、粮食质量安全的综合评价指标体系设计

在参照粮食质量安全内涵的基础上，遵循客观性、全面性、科学性和可操作性的原则，将粮食质量安全的综合评价指标体系划分为三个层次：第一层为目标层，即粮食质量安全综合评价指标；第二层为准则层，包括生物性指标、化学性指标、物理性指标和营养指标四大指标；第三层为指标层。

（一）生物性指标

粮食的生物性危害主要来源于粮食供应链的微生物污染，引起粮食发生霉变，造成粮食的颜色和味道发生改变。粮食的微生物污染包括各种霉菌毒素的毒性带来的质量隐患。其中，影响粮食质量的霉菌毒素主要有黄曲霉毒素、棕曲霉毒素、镰刀菌毒素、伏马菌素、橘青霉素、麦角毒素等。我国对于这些微生物毒素在粮食中的含量制定了限量标准。具体的限量标准见表 8 - 1。

表8-1　微生物指标的国家限量标准

微生物指标	名称	种类	在粮食中的限量标准(最高限量)	国家标准的相关文件
各种毒素	黄曲霉毒素（AF）	黄曲霉毒素 B₁	玉米及其制品最高允许限量为20ug/kg；糙米、大米为10ug/kg；小麦、大麦、豆类及其他粮食为5ug/kg	《食品安全国家标准食品中真菌毒素限量》（GB2761—2011）
	棕曲霉毒素A（OTA）		谷类、豆类中棕曲霉毒素不超过5ug/kg	
	镰刀菌毒素	玉米赤霉烯酮（ZEN）	小麦、小麦粉和玉米、玉米面的限量为60ug/kg	
		T-2毒素	我国的限量标准尚未制定，苏联曾规定粮食的限量为100ug/kg	
		脱氧雪腐镰刀菌烯醇（DON）	小麦、大麦、面粉、玉米及玉米面种的限量为1mg/kg	
	伏马菌素和橘青霉素		没有限量标准	

续表 8 - 1

微生物指标	名称	种类	在粮食中的限量标准(最高限量)	国家标准的相关文件
致病菌	沙门氏菌		按照二级采样方案对所有 11 类食品设置沙门氏菌限量规定，具体为 n = 5, c = 0, m = 0(即在被检的 5 份样品中，不允许任一样品检出沙门氏菌)	《食品中致病菌限量》(GB29921—2013)
	金黄色葡萄球菌		粮食制品中金黄色葡萄球菌限量为 n = 5, c = 2, m = 100CFU/g (mL), M = 10000CFU/g (mL)	

(二)化学性指标

化学性污染指标包括农药残留量(包括熏蒸剂残留量)、金属污染物含量、多环芳烃残留量、食品添加剂的危害程度、包装材料污染程度等指标。食品安全国家标准《食品中农药最大残留限量》(GB 2763—2014)对谷物的近 240 种农药的最大残留限量进行了规定。国家卫生与健康委员会颁布的食品污染物限量的国家标准 GB2762—2012，对谷物及其制品的重金属含量和多环芳烃残留量进行了限量规定(见表 8 - 2)。

表 8 - 2　粮食重金属和多环芳烃的国家限量标准

重金属名称	限量要求	国家标准的相关文件
铅	谷物及其制品、豆类限量(以 Pb 计)为 0.2 mg/kg	
镉	谷物(除稻谷外)、谷物碾磨加工品(糙米和大米除外)、豆类的限量(以 Cd 计)为 0.1mg/kg,稻谷、糙米和大米限量(以 Cd 计)为 0.2mg/kg	
汞	谷物及其制品的限量(以 Hg 计)为0.02 mg/kg	参考 GB2762—2012
砷	谷物(除稻谷外)、谷物碾磨加工品(糙米和大米除外)的总砷限量(以 Ag 计)为 0.5 mg/kg,稻谷、糙米和大米无机砷限量(以 Ag 计)为 0.2 mg/kg	
铬	谷物和谷物碾磨加工品的限量(以 Cr 计)为 1.0 mg/kg	
苯并[a]芘	谷物及其制品的限量为 5.0ug/kg	

　　粮食及粮食制品中常用的添加剂有增白剂、品质改良剂、营养强化剂、着色剂、风味增强剂和抗结剂、填充剂和酶制剂等。我国对于食品添加剂的标准制定越来越严格。过氧化二苯甲酰是小麦粉的增白剂,由于其存在巨大的安全隐患,从 2011 年 5 月开始,我国就禁止将过氧化苯甲酰和过氧化钙作为小麦粉的添加剂。《GB2760—2014 食品添加剂使用标准》对《GB2760—2011 食品添加剂使用标准》进行了修改,双乙酸钠由原来在大米中的残留量不大

于 30 mg/kg 修订为不得使用，糖精钠由原来在面包、糕点和饼干中的最大使用量 0.15 g/kg 修订为不得使用，溴酸钾作为面粉品质改良剂变为非法添加物；亚硫酸盐和二氧化硫只能用于拉面（最大使用量 0.05 g/kg）、食用淀粉（最大使用量 0.03 g/kg）、冷冻米面制品（仅限风味派）（最大使用量 0.05 g/kg）和饼干（最大使用量 0.1 g/kg），营养强化剂已经不属于 GB2760 的食品添加剂范畴。根据《GB2760—2014 食品添加剂使用标准》的表 A.3，粮食及其制品不能按生产需要适量使用的食品添加剂共 75 种，粮食及其制品只能限量使用或适量使用的食品添加剂达 97 种。

粮食的包装材料有很多种，但纸质包装材料和塑料包装材料最为普遍。纸质包装材料存在荧光增白剂、染料、重金属、甲醛、多氯联苯、二苯甲酮、二噁英、增塑剂、表面活性剂和有机挥发性物质等有毒物质。塑料包装材料的聚乙烯、聚丙烯、聚氯乙烯、聚偏二氯乙烯、聚对苯二甲酸乙二醇酯、聚酰胺等主体材料可以迁移机制影响粮食质量安全，填充剂、增塑剂、稳定剂、固化剂、着色剂、润滑剂等添加的助剂也会给粮食带来污染。根据《粮食销售包装》（GBT17109—2008）的内容规定，粮食的包装材料要符合《复合食品包装袋卫生标准》（GB9683－1988）、《内壁环氧聚酰胺树脂涂料》（GB9686—2012）和《食品接触材料及制品用添加剂使用标准》（GB9685—2016）的规定。《复合食品包装袋卫生标准》（GB9683－1988）对复合食品包装袋的感官指标和理化指标进行了相关规定；《内壁环氧聚酰胺树脂涂料》（GB9686—2012）对食品容器内壁的环氧聚酰胺树脂涂层的感官指标和理化指标进行了规定；《食品接触材料及制品用添加剂使用标准》（GB9685—2016）对 1294 种食品接触材料及制品中允许使用的添加剂的使用限量标准进行了规定，并对 32 组特定迁移总量限量和 7 种金属元素特定限制进行了规定。

(三)物理性指标

食品的物理性污染指标一般包括物理杂质带来的污染、有毒植物种子和放射性元素污染。粮食在供应链中容易混入石头、泥土、金属碎片等物理杂质,从而影响粮食质量。根据《关于执行粮油质量国家标准有关问题的规定》(国粮发〔2010〕178 号),我国粮食检测项目主要包括感官性指标和物理性指标,包括水分含量、杂质含量、矿物质含量、碎米、不完善粒含量、糠粉、纯质率、带壳稗粒、稻谷粒、黄粒米含量、互混率、气味、色泽、垩白粒率等项目。其中,我国对于粮食的物理性指标主要包括杂质最大限量。一般的杂质包括沙砾、金属、非食用性物质等。其中有些粮食中混杂了一些有毒种子,这些有毒种子带来了很大的安全隐患。因此,国家对于麦角、毒麦和曼陀罗属及其他有毒植物的种子进行了限量规定。

由于放射性污染不易被察觉,并且粮食的放射性污染在过去也不常见,因此很容易被人忽视。然而,随着工业化的推进,不少耕地受到工业三废的污染,导致粮食放射性元素超标现象的出现。边云秀等(2002)对山东省淄博市的粮食及制品进行了抽样检测,检测结果显示该市的粮食及制品放射性污染比较严重,抽样的样品中出现放射性元素超标的情况。我国于 1994 年就颁布了《食品中放射性物质限制浓度标准》(GB14882 - 1994),对粮食中的人工放射性元素和天然放射性元素制定了限制浓度标准(见表 8 - 3)。国内外对于相同的放射性元素的限制标准不一样,并且国外对放射性元素的限制标准主要针对人工放射性元素。例如,我国规定粮食中人工放射性元素 137Cs 的限制浓度为 $2.6 \times 10^2 (Bq/kg)$,而美国的限制浓度为 $1.2 \times 10^3 (Bq/kg)$,中国香港、新加坡、越南、马来西亚、菲律宾、加拿大规定的限制浓度为 $1.0 \times 10^3 (Bq/kg)$,中国台湾为 $0.6 \times 10^3 (Bq/kg)$,泰国和欧盟

的限制浓度为 0.5×103（Bq/kg），韩国和日本分别为 3.7×102（Bq/kg）和 1.0×102（Bq/kg）（武权等，2012）。由此可见，我国对粮食中的放射性物质的限制浓度标准是比较严格的，但是大多数粮食质量评价指标中都将放射性物质排除在考虑范围之外，粮食质量的相关检测也缺少对放射性物质的检测。随着癌症发生率的上升和人们对身体健康需求的增强，本书建议将放射性物质纳入粮食质量安全评价指标体系。

表8-3　粮食中的放射性物质限制浓度标准

放射性物质种类	放射性物质名称	限制浓度	国家标准的相关文件
人工放射性元素	氚（^{3}H）	2.1×10^5（Bq/kg）	参考 GB14882-1994
	锶-89（^{89}Sr）	1.2×10^3（Bq/kg）	
	锶-90（^{90}Sr）	9.6×10^1（Bq/kg）	
	碘-131（^{131}I）	1.9×10^2（Bq/kg）	
	铯-137（^{137}Cs）	2.6×10^2（Bq/kg）	
	钷-147（^{147}Pm）	1.0×10^4（Bq/kg）	
	钚-239（^{239}Pu）	3.4（Bq/kg）	
天然放射性元素	钋-210（^{210}Po）	6.4（Bq/kg）	
	镭-226（^{226}Ra）	1.4×10（Bq/kg）	
	镭-223（^{223}Ra）	6.9（Bq/kg）	
	天然钍	1.2（mg/kg）	
	天然铀	1.9（mg/kg）	

（四）营养指标

由于粮食的营养素包括人体所需的宏量营养素（蛋白质、脂肪、碳水化合物）和微量营养素（维生素、矿物质），因此粮食的营养指标包括粮食的宏量营养素指标和微量营养素指标。国家标准并没有对粮食的营养指标进行相关规定，但是对粮食的营养强化剂进行了详细规定。《食品营养强化剂使用标准》（GB14880—2012）对粮食及其制品中的维生素（维生素 A、维生素 D、维生素 C、维生素 E、B 族维生素）、烟酸、叶酸、泛酸、铁、钙、锌、L-赖氨酸、牛磺酸、酪蛋白钙肽、酪蛋白磷酸肽等的使用量范围进行了规定，以弥补粮食及其制品加工、储存过程中的营养散失，并改善消费者营养素摄入水平低或缺乏的情况。由于粮食营养强化剂作为食品添加剂的一种，已经在粮食化学性指标中得到了体现，所以粮食营养指标不包括粮食营养强化剂指标。除此之外，我国没有对粮食本身的营养素制定标准含量，但制定了居民膳食营养素参考摄入量和人均每日谷类食物能量的目标值。根据《中国食物与营养发展纲要（2014—2020 年）》的营养目标，到 2020 年，全国人均每日摄入谷类食物能量 1100～1150 千卡，人均每日蛋白质摄入量 78 克。为了更好地了解我国各种粮食的营养结构情况，粮食营养素水平指标能很好地反映粮食的营养程度，是粮食营养指标的重要体现，一般用粮食营养质量指数来表示。

四、粮食质量安全的综合评价模型

根据粮食质量安全综合评价的思路，来建立粮食质量安全综合评价步骤。首先，对粮食危险性指标进行评价。通过对粮食的生物性指标、化学性指标和物理性指标进行定期抽检，得到粮食危险性指标抽检结果。然后，根据抽检结果，这三大指标的子指标只要有一个没有达到标准，就确定为粮食质量不安全，并计算粮食的不合格率。再次，剔除不合格的粮食，对合格粮食进行营养性指标评价，并根据评价结果确定粮食营养水平等级，将粮食营养水平等级分为高、中和低三个等级。最后，得到粮食质量的综合评价结果。

（一）粮食危险性指标评价

根据我国《食品安全国家标准 粮食》（GB2715—2016）的内容，粮食危险性指标以限量指标为主，包括感官指标、理化指标、有毒有害菌类和植物种子限量指标、污染物和真菌毒素限量指标、农药残留限量指标、食品添加剂和食品营养强化剂指标。由于感官指标的色泽和气味只能通过定性进行评价，霉变粒是真菌毒素污染的外在表现，因此，本书并没有将感官指标作为危险性指标之一。这一国家标准中的理化指标只包括了检测木薯粉的总氢氰酸、高粱米和高粱粉的单宁限量检测感官指标，木薯粉、高粱米和高粱粉并不是主要的粮食制品，因此本书也不考虑这两个指标。因此，本书将国家标准中的有毒有害菌类和植物种子限量指标、污染物和真菌毒素限量指标、农药残留限量指标、食品添加剂指标纳入了粮食的危险性指标，并且增加了放射性污染指标。为了便于分析，本书对这些指标进行了重新分类，并加入了一些新的指标，将粮食危险性指标分为生物性指标、化学性指标和物理性指标进行处理（见表8－4）。由于国家对粮食中的240种农药残留、97种食品添加剂、粮食包装材料的32组特定迁移总量和7种金属元素都进行了限量规定，种类过多，因此，本书对这些指标按照类别进行了统计分析。粮食中的农药残留主要包括四个类别：有机磷类、有机氯类、氨基甲酸酯类、拟除虫菊酯类。粮食的食品添加剂主要包括增白剂、品质改良剂、营养强化剂、着色剂、风味增强剂、抗结剂、填充剂。粮食包装材料包括纸质包装材料污染和塑料包装材料污染。

表8-4 粮食危险性指标体系

一级指标	二级指标	三级指标
粮食危险性指标	生物性指标	黄曲霉毒素 B_1、棕曲霉毒素 A(OTA)、玉米赤霉烯酮(ZEN)、T-2 毒素、脱氧雪腐镰刀菌烯醇(DON)、沙门氏菌、金黄色葡萄球菌
	化学性指标	铅、镉、汞、砷、铬五种重金属;苯并[a]芘;240 种农药残留;97 种能限量或适当使用的添加剂;粮食包装材料的 32 组特定迁移总量和 7 种金属元素
	物理性指标	杂质含量;麦角、毒麦和曼陀罗属及其他有毒植物的种子含量;7 种人工放射性元素和 5 种天然放射性元素的浓度

对粮食进行抽检,抽检指标符合相关规定的,粮食危险性指标评价值为 0;抽检指标超过限制值的,粮食危险性指标评价值用粮食危险性指数(IGD)表示。通过计算粮食危险性指数,我们可以评价不安全粮食的不安全程度。通过借鉴《中华人民共和国进(出)口食品风险分析一般性原则指南》的相关规定,我们可以将粮食危险性指数表示为以下公式(8.1):

$$IGD = \sum_{m=1}^{n} a_m \cdot IGD_m \tag{8.1}$$

$$IGD_m = \frac{EDI_m \cdot f}{SI_m \cdot bw} \tag{8.2}$$

$$EDI_m = \sum (R_m \cdot F_m) \tag{8.3}$$

其中,IGD_m 为粮食中第 m 种危险性指标的危险性指数;a_m 是 IGD_m 的权重系数;EDI_m 表示粮食中第 m 种危险性指标的实际日摄入量估值,它等于粮食中第 m 种危险性物质的实际残留量,

F_m 为粮食中第 m 种危险性物质的日消费标准量，SI_m 为粮食中第 m 种危险性指标的安全摄入量，bw 为平均人体体重，假设为 60kg，f 为校正值，在此取值为 1。

（二）确定粮食危险性指标的权重

从以上分析可以看出，粮食的危险性指标权重需要进行确定。粮食的危险性指标包括生物性指标、化学性指标、物理性指标，生物性指标分为毒素和致病菌两类，化学性指标分为重金属与多环芳烃、农药残留、食品添加剂和包装材料四个类别，物理性指标分为一般物理杂质和有毒植物种子、人工放射性元素、天然放射性元素三类。这 9 个类别下面涵盖了 44 个指标（如图 8 - 3 所示）。

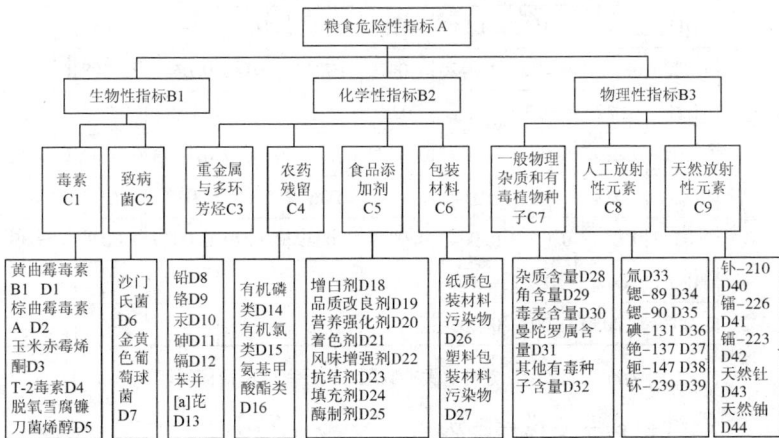

图 8－3　粮食危险性指标体系

在此，我们采用 YAAHP 软件对危险性指标的各级指标权重进行了计算。首先对 44 个指标的同一类别各指标的相对重要性进行两两比较，然后对中间层的同类别指标的相对重要性进行两两评价，得到各级指标层的判断矩阵。本书采用九级标度对各同级指标的重要性进行了评价。根据重要性的比较结果，计算得出各级指标的权重（见表8-5）。重要性的比较采用专家打分的方式进行。

表8-5　各层指标权重

RH$_1$	B1			B2			B3			
	0.4286			0.4286			0.1429			
RH$_2$	C1	C2	C3	C4	C5	C6	C7	C8	C9	
	0.2143	0.2143	0.1339	0.1339	0.1339	0.0268	0.0893	0.0341	0.0195	
RH$_3$	D1	D2	D3	D4	D5	D6	D7	D8	D9	D10
	0.0557	0.0296	0.0176	0.0557	0.0557	0.1071	0.1071	0.0223	0.0223	0.0223
	D11	D12	D13	D14	D15	D16	D17	D18	D19	D20
	0.0223	0.0223	0.0223	0.0470	0.0470	0.0253	0.0146	0.0446	0.0308	0.0197
	D21	D22	D23	D24	D25	D26	D27	D28	D29	D30
	0.0081	0.0077	0.0077	0.0077	0.0077	0.0179	0.0089	0.0073	0.0232	0.0232
	D31	D32	D33	D34	D35	D36	D37	D38	D39	D40
	0.0232	0.0123	0.0049	0.0049	0.0049	0.0049	0.0049	0.0049	0.0049	0.0039
	D41	D42	D43	D44						
	0.0039	0.0039	0.0039	0.0039						

注：RH$_1$为准则层、RH$_2$为权重次准则层、RH$_3$为权重指标层。

（三）粮食营养指标评价

对样本粮食危险性指标进行计算后，对无危险的粮食进行营养指标评价。粮食的营养素包括蛋白质、脂肪、碳水化合物、维生素（主要是B族维生素）、矿物质（铁、钙、磷等）。粮食的各种营养素的营养水平可以直接运用粮食的营养素指数进行计算。营养素含量不是越多越好，而是要满足人体所需。因此，一定粮食的营养素实际含量不能高于人体所摄入的推荐量。假设100g粮食中第 j 种营养素的实际含量为 N_j，平均含量为 $\overline{N_j}$，人体摄入的推荐量为 N_j^*，那么粮食的第 j 种营养素指数为 NI_j，其计算公式如下式(8.4)所示：

$$NI_j = \begin{cases} \dfrac{N_j - \overline{N_j}}{\overline{N_j}} & N_j \leqslant N_j^* \\ -1 & N_j > N_j^* \end{cases} \qquad (8.4)$$

一般来说，如果抽检粮食的 N_j 小于 $\overline{N_j}$，那么粮食的第 j 种营养素会小于0，说明该抽检粮食的营养素含量偏低。反之，则偏高。但是偏高不能高于人体摄入的推荐量 N_j^*，否则会导致营养过量，不利于身体健康。为了得到粮食营养的综合评价结果，可以根据各种营养素指数得到粮食的营养综合指数。粮食的营养综合指数(NI)可以表示为各种营养素指标之和，用以下公式(8.5)进行计算：

$$NI = \sum_{j=1}^{r} NI_j \qquad (8.5)$$

NI 的值有可能大于、等于或小于0。当该值大于0，表示该粮食的营养水平高；等于0表示粮食的营养水平合格；小于0表示粮食的营养水平低。

(四)粮食质量安全综合评价

在得到粮食危险性指标评价结果和粮食营养评价结果后，将粮食危险性指标评价值(设置为负值)乘以不合格率，然后加上粮食营养评价值乘以合格率，可以得到粮食质量安全综合评价值。

从以上分析可以看出，在考虑粮食质量安全的影响因素的基础上，结合有关粮食质量安全的国家标准，本章设计了粮食质量安全综合评价指标体系。根据这一指标体系，本章采用粮食危险性指数对不合格粮食的不安全程度进行了评价；并运用粮食营养综合指数对合格粮食进行了营养评价。根据这两个步骤，对我国粮食质量进行了综合性评价。

从粮食质量综合评价的指标选择来看，涉及粮食质量安全的指标种类繁多，标准不一，侧重点存在较大差异，涉及的检测项目和检测机构不统一。因此，要进行科学合理的粮食质量安全综合评价，需要国家统一检测项目和检测机构，并且定期公布原粮和加工粮的抽检结果，这样才能利用粮食质量安全综合评价模型得到评价结果。由于现有数据缺失，在此没法得到粮食质量安全综合评价结果。对于粮食质量安全的调控先依据消费者评价结果进行。

第三节　调整粮食质量安全的政策体系

一、依托体制创新和科技创新转变粮食生产政策

（一）制定相关粮食生产政策优化粮食供给效率和质量

粮食供给效率优化侧重粮食不同品种结构的调整，粮食供给质量优化主要根据市场对同一种粮食不同品质的需求而调整。要做到这两个方面的调整，粮食生产者必须能快速了解市场行情信息及市场需求变化，以此做出粮食生产预测。考虑到我国的粮食生产多采用家庭联产承包制的方式进行，生产者众多且规模小，要对市场行情信息及时做出反应是非常困难的。加上多年来我国农村青壮年劳动力向城市转移，从事农业生产的主体以中老年人为主，且受教育水平和学习能力比较低，这严重制约了我国农民

素质的提高，不利于粮食生产质量和效率的提升。为此，要优化我国粮食供给效率和质量，有以下几种途径可供选择。第一种选择是改变我国粮食生产经营规模，大力推广粮食的大规模种植；第二种选择是建立"三位一体"①农村合作协会，改变我国粮食经营合作方式，提高粮食生产者的整体素质和市场应变能力；第三种选择是通过科技创新开发高质量、低污染的粮食品种。

第一种选择是当前我国农村正在推进的一种方式，但这种方式也存在极大的局限性。首先，我国对耕地实行家庭联产承包责任制，要推行大规模生产就必须由农户向粮食生产专业户进行二次承包，土地经过多次承包后出现质量问题是在所难免的。其次，国家对粮食生产的相关补贴是给农户还是给粮食生产专业户，这一问题存在不少争议。目前，我国还是沿用对农户直接进行补贴，但相关政策已开始朝粮食生产专业户倾斜。再次，我国粮食生产的比较效益低，加上国际粮食低价格的冲击，通过大规模生产实现规模经济，降低成本，所得利润空间也是极为有限的。最后，从美国经验来看，粮食大规模生产最终会导致粮食生产的不可持续。

大规模生产能够实现低价竞争策略。根据威廉·恩道尔的著作《一场不为人知的阴谋：粮食危机》中的记载，美国的主流农业研究者认为，大农场能够提高效率以应对强大的市场压力，大农场能够以更低的价格销售生产出来的粮食，实现低价竞争策略。但也有不少学者已经证明这种生产模式存在非常大的问题，推行大农场种植后，农民、农村社区和生态环境并没有得到应有的实

---

① 2006 年，时任浙江省委书记的习近平第一次提出了"积极探索建立农民专业合作、供销合作、信用合作'三位一体'的农村新型合作体系，努力服务于社会主义新农村建设"的构想。这一构想提出后，在浙江瑞安首次出现了集农村金融、农产品生产和流通为一体的综合性农村合作组织。这一思想被写入 2017 年中央一号文件，一号文件首次明确提出积极发展生产、供销、信用"三位一体"的综合合作。

惠，大部分的收益被食品加工企业占有。在该书的序言中，作者讲述了周立于 2007 年在美国中北部农场进行调查时的发现，美国种植燕麦的农民收入仅相当于食品价格的 1.34%，远远低于一些研究机构报告中的 5%。由于政治利益和商业利益的驱使，美国农业走上了转基因农业、石油农业、化学农业的发展道路，破坏了生物多样性，带来了资本投入与能源消耗的增加和环境破坏的加剧等负面影响。并且这种不可持续的农业模式因低廉的粮食价格所形成的国际竞争力，引起世界其他国家争相模仿，形成了全球范围内的农业不可持续发展局面。由于美国农民从市场所获得的利润非常有限，美国政府对产业化农民实行部分粮食品种（转基因作物）补贴，其补贴的额度占了美国产业化农民收入的三分之一，却损害了美国家庭农场的利益。这些补贴导致的粮食低价格冲击了发展中国家的粮食竞争力，压低了全球的粮食价格，扭曲了粮食收益的分配结构，使得各国的农业生产和粮食经销体系受到该国粮食寡头企业的控制。由于补贴的谷物品种有限，美国的生物多样性受到破坏，其他的农产品价格上涨过猛，美国的新鲜水果和蔬菜价格在 20 年内上涨了 40%，而糖类和饲料等价格下降速度过快。

我国粮食生产不适合走大规模生产道路，应推行适度规模经营。由于我国人多地少，与美国的地广人稀存在很大差异，我国的生产效率远远低于美国等发达国家，我国粮食生产不适合通过大规模生产进行低价竞争策略。大规模生产同时会破坏我国粮食生产的自由竞争特征，深化粮食生产的垄断程度。从我国的人口分布特征来看，我国农村常住人口基数大，采取大规模生产会给农村劳动力转移带来巨大压力。随着我国城镇化进程的加快，我国农村人口逐年下降，但由于我国的农村人口基数大，2016 年我国乡村常住人口总数为 58973 万人，占到总人口比重的 42.65%。因此，要通过城镇化消化过多的农村剩余劳动力是不现实的，有不少学者（李国英，2007；王海军，2009；杜凯，2014）提出就地转移是消化农业剩余劳动力的最佳选择。因此，要提高粮食生产供给效率和质量，我国可以通过转变粮食生产经营方式，适度改变粮食生产规模，但是要有相关的配套措施就地转移当地农村剩余劳动力，并且要大力提高粮食种植者的素质，并对粮食生产的投入品需求进行合理引导。

"三位一体"的综合合作模式为推动粮食生产的适度规模的建立、提高粮食生产力创造了条件。我国2017年中央一号文件提出积极发展"三位一体"的综合合作组织（又称为"新型农村合作协会"）。这一构思是在肯定家庭经营和小农经济的基础上提出的。在这一框架下，我国粮食生产可以实现多元化规模和多样化经营形式，极大地解放了农业生产力。通过这种综合合作，粮食种植者不用成为全能型的经营人才，也能更好地把握粮食市场风向。因此，我国粮食生产相关政策要向这种综合合作模式做出倾斜，激励粮食生产者改变粮食经营模式。但是，粮食生产政策也要允许其他经营方式的发展。根据经济学原理，粮食生产规模不由任何人的主观意志决定，而取决于粮食企业的生产技术、管理水平及市场条件。因此，国家要大力推动粮食价格市场化，通过对粮食主产区各种规模的粮食生产经营情况的调研，制定多元化的政策对各种规模的粮食生产进行激励，推动粮食生产的多元化发展，维持生态平衡和生产的可持续性发展。

制定粮食科技创新政策，通过开发我国粮食育种技术和改良粮食种植方法，提高我国粮食质量安全水平。为了提高我国粮食竞争力，我国粮食生产需要采取非价格竞争手段，通过提高粮食品质和发展品种多样化提高我国粮食的竞争力。目前，我国粮食生产的比较效益低，农民不愿意种植粮食，即便种植粮食也是低品质的，是通过提高数量来获得更高收益的。主要原因在于农药化肥投入品相比人工价格来说更划算，高品质种子价格昂贵，并且高品质粮食的市场份额占比较少，且容易出现以次充好、假冒伪劣的低品质粮食挤占其市场的现象，导致投资高风险。在此种情况下，政府除了严格控制农药化肥的生产与使用外，还应制定一些科技创新政策引导市场提供依赖有机肥的粮种和粮食种植方式。同时，加大粮食育种技术开发，特别是低农药使用、高品质的粮食种子开发。通过政策扶持，加大粮食科技创新的资金投入，顺应市场规律对粮食生产的投入品市场进行引导，协调粮食新品种的种子价格和粮食其他投入品价格之间的协调，而不是一味地采取高成本的严格规制手段。

要进行科技创新，推进农业现代化，需要制定提高种植人员素质、完善粮食收储政策等配套政策。影响粮食品种和种植方法创新的核心因素是科研人员和种植人员的综合素质。为了提高我国粮食行业科研人员的科研创新能力，我国制定了《国家粮食和物资储备局关于加快推进粮食行业科技创新人才发展的意见》。目前，我国粮食生产者"兼业化、老龄化、低文化"成为制约我国实现农业现代化的关键因素。为加快培育新型职业农民，形成高素质农业生产经营者队伍，强化人才对现代农业发展的支撑作用，农业农村部于 2017 年发布《"十三五"全国新型职业农民培育发展规划》，规划全国新型职业农民总量由 2015 年的 1272 万人增长到 2020 年的 2000 万人，并对新型职业农民的学习与培训进行了规划。在此基础上，我国地方政府应该出台相应的政策对当地新型职业农民进行培育，推动规划目标的实现。我国要加大力度完善粮食市场信息发布和预测政策。当前，我国粮食种植者素质普遍偏低的情况下，要进行粮食市场化改革，必须依靠政府给予更多的市场信号和市场引导。粮食市场需求的变化对于粮食生产收益具有非常大的影响。在此情况下，政府应该及时公布相关的粮食市场变化信息，降低粮食种植者的种植风险。并且，要及时调整粮食收储政策，提前公布不同粮食品种收储政策的变化信息，引导农民进行种植调整。从2014年开始，我国先后取消了棉花、大豆、油菜籽、玉米的临时收储政策。我国应在此基础上，根据市场需求变化对不同粮食品种进行补贴政策的调整。

（二）建立以市场为导向的粮食生产质量激励政策

根据我国粮食市场供给侧结构性改革发展的需要，使粮食企业作为承担粮食质量安全的直接责任主体，保障粮食质量安全更加具有效率。因此，为了有效推动粮食市场化改革和增加粮食生产企业活力，我国政府对粮食质量安全的调控应该遵循以市场为导向的原则，激励粮食企业认真履行质量安全责任。

首先，政府应该制定相关政策激励粮食企业主动向消费者传递正确的产品质量信息。生产者和消费者之间存在的信息不对称是造成粮食质量问题的重要原因。Antle（1999）认为信息政策效率的增加要以消费者和生产者的异质性增加为条件，而消费者和生产者的异质性增加又依赖经济增长，设计信息类政策的关键问题是生产高质量产品的成本（包括创造和传播质量信息的成本）是如何被支付的。目前，我国生产高质量产品的成本由消费者支付，但是消费者对高质量产品的支付意愿并不强，主要是由于我国消费群体的平均消费水平还比较低，并且消费者对高质量产品的认知度也低，担心自己难以买到真正高质量的东西，对粮食企业缺乏信任。在这种情况下，我国政府应该制定相关政策提高消费者的粮食消费水平，刺激消费者对高质量产品的消费，并且对高质量产品的生产进行相应的补贴或者奖励。

其次，政府应该制定相关政策鼓励粮食企业保障生产过程的质量安全。政府可以通过消费者的投诉率或第三方组织的监管结果对粮食企业的生产质量安全进行评估，并根据评估结果对相应的粮食企业实行相应比例的税收减免或贷款优惠政策，鼓励粮食企业主动承担生产质量安全。政府也可以通过执行贷款担保政策，将是否认真履行粮食质量安全作为衡量粮食企业能否获得贷款担保的重要指标，根据企业质量信用评估结果安排贷款担保的额度和优先度。

再次，政府应该制定相关政策激励粮食企业开发高品质或高质量的产品。李想和石磊（2011）通过研究发现，竞争压力并不是企业忽视质量控制的关键因素，由于企业的低价大销量会被消费者误认为投资充分，因此企业在没有竞争压力的情况下也不会对产品质量控制进行充分投资。他们还认为增强监管无法从根本上改变厂商投资不足且追逐大销量的现状，但能增加厂商高投资的可能性，提高产品的平均质量。这一分析结果同样适用于粮食生产行业。目前，由于我国粮食生产多采用散户生产方式，加之粮食收储政策的推动，我国优质粮食生产投资不足而导致其产能低，大型的粮食企业采用低价大销量的方式，向其买方传递投资充分的不完美信号。在此背景下，我国政府应该为粮食企业提供高质量产品制定相关的激励政策。我国可以逐渐提高粮食收购的品质要求，将高质量粮食品种纳入粮食收购范围。政府也应对提供高质量产品的粮食生产企业或个人进行资金支持，并应多采用金融支持政策降低粮食企业生产高质量产品的风险，鼓励金融机构推出粮食质量安全责任险或质量保障贷款。在此基础上，配套推出开发高品质产品的税收或贷款优惠政策，并积极培育"产学研"模式在高品质粮食品种或粮食产品开发中的应用。

最后，以上政策要适用于各种经营主体。目前，我国从事粮食生产的粮户数量大，且生产规模小。在这种情况下，很容易因政府政策的执行门槛高而无法发挥政策时效。因此，要使粮食生产主体改善生产质量安全现状，我国政府就要先转变粮食生产激励的统一模式，鼓励粮食生产走多元化的道路，为各种经营主体制定不同的激励政策。目前，我国政府正积极地推动粮食生产模式朝适度规模发展。2017年中央一号文件提出积极发展适度规模经营，其主要内容包括：大力培育新型农业经营主体和服务主体，加快发展土地流转型、服务带动型等多种形式规模经营；积极引导农民在自愿基础上，实现按户连片耕种；完善家庭农场认定办法，扶持规模适度的家庭农场；加强农民合作社规范化建设，积极发展生产、供销、信用"三位一体"综合合作；研究建立农业适度规模经营评价指标体系，引导规模经营健康发展。

但是，当前我国粮食还没有实现适度规模生产，并且在未来也很难全部实现，应该允许小规模粮食生产的存在。现阶段，我国应该制定相关政策帮助小型的粮食生产主体提高竞争力。Matopoulos等(2013)指出有效的农产品供应链组织和运营模式是解决农产品质量安全的长效机制之一。Jang 和 Klein(2011)为小型农业企业建立了数学模型，用于预测利润、实施供应链管理的投资回报率测算，并分析了小型农业企业如何选择 B2C 或 B2B 模式，由此指出小型农业生产企业如果采用恰当的供应链模式，运用科学方法进行战略决策，能够降低成本和改善服务态度，从而保持竞争地位。陆杉(2012)认为随着公众食品安全需求的增加，我国农户组织可以通过"超市＋农产品加工企业＋农户"产业化模式来确保农产品质量安全。因此，在此基础上，我国政府应该给予小型粮食企业改变现有的供应链模式创造环境，并提供政策支持。2016 年中央一号文件提出要大力推进"互联网＋"现代农业，应用物联网、云计算、大数据、移动互联等现代信息技术，推动农业全产业链改造升级。在这一政策背景下，我国产销平衡区地方政府应该制定相关的配套政策鼓励当地超市、酒店等企业加强与当地小型粮食企业的合作，推出地方特色的粮食产品，由此保证粮食质量安全。在政府的主导下，主销区销售企业或互联网零售企业要加强与主产区粮食企业的长期合作，为小型粮食企业供应高质量产品提供保障。地方政府可以制定相关的信息基础设施建设政策，帮助农户进行互联网实训，并与大型的互联网零售企业共同推出当地农产品购物平台，帮助农户打开销路。

　　为了深化农业供给侧结构性改革，提高企业保障粮食质量安全能力，我国应该加快推出粮食质量安全责任险政策。虽然，2017年我国中央一号文件提出鼓励生产经营主体投保食品安全责任险以降低食品的质量安全风险，并配套提出了农业保险、保险＋期货等政策以规避市场风险。但是食品安全责任险是被保险人在经营场所内生产、销售食品，或者现场提供与其营业性质相符的食品时，因疏忽或过失等原因造成消费者人身或财产损失，保险公司才承担经济赔偿责任的。而粮食生产企业和加工企业很多情况下并不是直接面向消费者进行销售的，因此并不属于被保险人的范围。目前，我国的食品安全责任险的被保险人以食品餐饮企业和食品出口类企业为主，且投保率低。在我国，多数中外资保险公司都推出了食品安全责任险、食品污染综合保险以及餐饮业综合保险等险种。有些保险公司（例如人保财险）开展食品类产品责任保险业务长达近20年，但投保率一直处于低位。据不完全统计数据显示，食品安全责任险在国内投保率仍不足1％，一年保费收入不到亿元，且投保的多为食品出口类企业（梁薇薇，2014）。目前，直接同粮食生产相关的保险为农业险。2007年国家财政对六省区五大类粮食作物保险提供10亿元专项补贴资金，并提供配套的地方财政资金。2008年，国家对主要粮食作物政策性保险发展提供支持，进一步扩大政策性农业保险试点范围。但这些农业险主要是在粮食收获期，自然灾害或意外事故造成粮食作物的价值下降或生产费用无法收回的保险，或者针对粮食作物的晾晒、脱粒、烘烤等操作的一种短期保险。但这些粮食作物保险主要承保自然灾害险，农药污染、有毒化学物泄露等造成的损失并不在其承保范围内。由此可见，我国有关粮食质量安全的保险是缺失的，亟待推出和加强。由于我国粮食生产实行小农耕作模式，农户投保参与意识低，国家应该出台相应的政策来推动保险业务的开展。

（三）健全粮食生产质量的监管政策

政府除了鼓励企业进行自我规制外，必须对粮食生产质量进行监管。因为粮食企业的生产行为是自身利益驱动的，当粮食企业直接面对的零售商或消费者存在很大异质性时，其对粮食质量安全的自我规制会下降。例如，Voss 等（2009）对美国零售企业对食品供应链中供应商的选择情况进行了调查，发现品质、交货期和价格因素成为选择供应商的主要因素，安全因素处于一个低优先级。从我们对消费者的访谈调查结果来看，我国还有不少消费者将价格作为第一考虑因素，忽视质量安全因素。由此可见，安全因素在现实中并没有被当作第一考虑因素。因此，企业的自我规制并不能消除粮食质量安全问题，因此，需要政府的监管。目前，我国粮食生产企业的市场准入监管与检验检测制度还很不完善，而农产品质量安全追溯制度也主要体现在蔬菜、水果等农产品。产地认定和准出、产品认证和质量检验、生产监管、市场准入、产品包装和标签等相关制度的实施，并没有使得粮食企业采用产品编码技术、电子识别技术及电子标签技术建立农产品质量信息数据库，形成从田间到舌尖的质量追溯系统。我们第五章的访谈调查结果显示，我国对于散户的粮食种植没有形成一套完整的质量监管政策，很多地方监管流于形式，激励生产代替了粮食生产质量监管。基层的粮食质量安全监管缺失。很多村没有农产品质量安全协管员，村民零散生产的粮食缺乏村级力量的直接监管（戴杰帆，2014）。例如，湖南省浏阳市自2015年被农业农村部认定为全国农产品质量安全县创建试点单位以来，已经建立了市、乡（镇）、村、组四级农产品质量安全监管体系。市级有农产品质量安全监督管理科；乡镇（街道）有农产品质量安全监管站；322 个行政村（社区）都有一名监督员；7126 个村民小组都有一名协管员(罗方平,2016)。浏阳市的村监督员和组协管员负责对使用违禁农兽药的监督举报,并协助做好辖区内村民集中聚餐点的食材送检工作。通过作者在2017年春节期间对浏阳市部分村庄的走访调查,发现这一举措强化了大众餐饮的食材监督,但是粮食种植过程中的农药使用情况并没有受到重视,也没有得到有效监管。聚餐点的食材监管也没有真正做到事前监管,其效果并没有落到实处。从我国农业农村部历年的《农产品质量安全监管工作要点》来看,其质量监管重点对象是蔬菜、水果和水产品等农产品,很少涉及粮食生产质量监管,2017年的《农产品质量安全监管工作要点》开始将耕地污染防治作为其内容之一。

因此,我国粮食生产监管政策应该从以下几个方面开展。首先,将粮食生产质量列入农业农村部的农产品质量安全监管工作要点。粮食生产环节是保障粮食质量安全的源头,农业农村部要将粮食的生产质量监管与蔬菜、水果、水产品等农产品的质量监管放于同等重要地位。其次,健全基层粮食生产监管政策。结合粮食地理标志、品牌建设,即鼓励地方制定相关的粮食生产监管政策。具体来说,即鼓励地方加大对基层粮食质量监管的资金投入,重视生产前期粮食质量安全的宣传和指导,完善生产过程中的质量安全监管要求,力求从源头上避免粮食质量问题的出现。特别是针对一些粮食大户和农业合作社的粮食生产过程中的农药化肥滥用现象一定要及时进行监管。同时,健全基层农产品质量安全监督员和协管员队伍。中国农业农村部2015—2017年的《农产品质量安全监管工作要点》都提出鼓励有条件的地区配备和培训村级农产品质量安全协管员。地方政府应完善基层农产品质量安全监督员和协管员的队伍建设政策,将粮食质量生产纳入其监管责任范围,并建立监督员和协管员的考核评价体系,接受社会监督。再次,强化对粮食生产投入品的生产和销售监管。禁止高毒、高残留农药的生产和销售,对于农药和化肥的销售量进行科学控制，制定农药和化肥零增长的相关销售政策，实施《加快完善我国农药残留标准体系的工作方案（2015—2020 年）》。最后，激励地方建立粮食质量追溯制度的相关政策。中央应从政策上强化粮食质量追溯制度建设。粮食生产涉及的面源广，生产质量问题容易引起大范围的水土污染，造成严重的环境破坏。所以国家应该制定相关政策健全粮食质量追溯体系，设定粮食生产质量安全指标，保障粮食生产质量安全。

二、建立支持全产业链的粮食流通政策

通过前面对粮食流通领域的质量安全现状及问题的分析，以及问题的成因分析，我们发现农业生产、价格、财政政策对粮食流通领域的约束比较大。主要体现在：家庭联产承包制间接导致粮食加工企业分布过于分散，规模比较小；国家粮食收购政策引起的原粮价格上升挤占粮食加工企业的利润空间，同时给粮食存储企业带来了库存压力和存储质量安全隐患；分税制导致地方对粮食质量安全的投入激励不足等。与此同时，目前的粮食流通政策对粮食流通企业的产品质量改善激励不足和约束性不强，不利于粮食流通领域质量的大幅度提升。因此，我国需要对现有的粮食流通政策进行调整，以促进粮食流通质量的提高。

（一）逐渐调整已有的相关外部环境政策

首先，在推行家庭联产承包责任制的基础上，完善土地流转政策。目前，我国已经形成了粮食主产区、产销平衡区和主销区的粮食生产布局，在此布局下，地方政府，特别是主产区地方政府，应加快推动土地流转，并且制定相关政策鼓励在粮食生产集中区建立粮食流通产业集群，形成布局合理的粮食流通产业。由于我国很多粮食加工企业规模小且分布分散，这些企业要取得长足发展必须加强联动，形成产业集聚（倪锦丽，2008）。目前，我

国遍布城乡的小型粮食加工企业的粮食加工数量占到我国粮食加工总量的70%（姚惠源，2015）。产业集聚不仅仅可以促进粮食企业之间的相互竞争，提高粮食质量，还有利于减少粮食产业的质量监管成本。随着经济的发展，我国粮食产地初加工产业化格局基本形成，但是存在企业规模偏小、投资盲目、企业间无序竞争、精深加工的程度低、产品的附加值普遍不高等问题，产业化带来的效果不明显（朱明等，2012）。因此，政府应该深化产业集聚政策，推动粮食流通产业集聚的创新机制的形成。其次，通过政策逐渐改变粮食流通企业的"粗放式"的生产方式。从我国目前的"稻强米弱""麦强面弱"现象来看，表面上看是因为国家收购政策的推行导致原粮价格一路走高产生的，实际上是在原粮价格和粮食加工效率两者共同作用下产生的。目前，我国正在大力推动粮食价格市场化改革，减少政府收购政策对粮食价格的干预。但是由于我国粮食市场长期处于紧平衡状态，资源约束大，短时间内要大幅度降低我国原粮价格是行不通的。因此，我国在通过逐年减少粮食收购总量，推动粮食各品种的价格市场化的同时，应该将政策重心放在改善粮食流通企业的竞争力上。这不但能提高粮食流通企业的生存能力，也可以大幅度提高粮食流通企业的产品质量。《2017年粮食流通工作要点》提出要培育具有竞争力的大型粮食企业集团。再次，在严格执行粮食省长责任制的基础上，根据地区经济发展调整分税制的比例或对粮食主产区实行财政补贴以改善粮食流通。由于粮食主产区承担了国家粮食安全重任，并且要通过发展工业化和城镇化促进地方经济增长。在这一背景下，主产区只有发挥地区产业优势，发展具有地方特色的粮食加工产业（王国扣和王海，2004），通过发展"产购储加销"全产业链以改变目前产业链过短和粗放式加工的局面，并将粮食加工产业发展与小城镇建设结合起来（朱明和王海，2006），才能促进当地经济的可持续发展。因此，我国应在《粮食行业"十三五"发展规划纲要》的政策指导下，并通过调整分税制的中央与地方的税收比例，对粮食主产区实行财政支持，推动粮食加工企业延长其产业链，以粮食加工企业为核心促进一二三产业融合发展，提高粮食加工企业的效益，以弥补地方政府对粮食质量保障投入的不足。目前，政府部门已经将此工作提上日程。《2017年粮食流通工作要点》提出在粮食主产区建设粮食产后服务中心，为农业经营主体提供"代储存、代烘干、代质检、代加工、代销售"等专业化服务。

(二)适当调整粮食收储政策和建立粮食存储质量支持政策

在粮食存储方面，我国应从减少国家政策粮的收储总量、提高政策粮收储质量方面调整粮食收储政策。Thakur 等(2010)运用数学的多目标混合整数规划模型，提出了降低在谷仓中大量聚集粮食所引发的安全风险的两种途径，一种是通过控制粮食聚合的数量减少质量安全风险，第二种是采用不同的存储箱量和混合粮食装运减少总成本，从而降低粮食在仓库的大量聚集。虽然这一研究是针对商业粮食储备的，但是在降低粮食存储质量风险方面同样适用于政策性粮食储备。目前，我国政策性粮食存储质量问题主要由高库存和轮出困境造成的。因此，要激励粮食存储企业改善粮食质量，先要解决高库存问题。我国应该修改粮食收储政策，进一步放开粮食价格管控，并配套制定"藏粮于民"的相关政策，逐渐减少国家粮食收储总量。例如，我国政府可以运用贷款优惠等金融政策，鼓励生产主体自行存储粮食；地方政府可以通过培育当地粮食银行建设，增强粮食的流通能力。我国要从政策制定上强化粮食收储质量要求。从我国政府收购粮食的流程来看，收购过程很容易产生粮食质量问题。政府应该通过调整收购粮品质要求、质量检验要求、收购期等内容修改粮食收购政策。为了鼓励我国粮食质量的提高，政府要通过粮食收储政策的调整释放质量政策信息，强化收购粮的质量要求和标准，扩大高质量粮食的收储比例，逐渐减少低质量、低品质粮食的收储。并且，为了防止陈化粮的滥用，我国要制定严格的陈化粮处理政策进行规制。

除了对政策性储备粮的政策调整，我国还应该对不同类型粮食存储企业的存储设备、技术、存储方式创新等给予政策支持。我国已经制定了相关政策改善粮食存储设施，但大多是针对政策性粮食储备企业的设施升级的。《粮食收储供应安全保障工程建设规划（2015—2020 年）》的内容显示，我国为缓解粮食存储设施严重不足和落后的局面，截至 2015 年，已维修改造 60% 的"危仓老库"，新建仓容 5260 万吨。修复"危仓老库"执行《粮食仓房维修改造技术规程》等标准，并积极推进新仓型、新材料、新设备、新技术、新工艺的应用。继"危仓老库"改造后，国家粮食和物资储备局已经制定相关政策推动地方智能粮库的建设。时任国家粮食和物资储备局副局长徐鸣于 2017 年 1 月 7 日在全国粮食流通工作会议上指出，在过去的两年，中央储备粮总公司在全系统推进粮库信息化方面取得了较好成绩，省级粮食部门的智能粮库建设取得进展，以后的工作会加强省会以上城市及城市人口规模较大的地级市进行低温库改造的政策支持。除此之外，为了推动"藏粮于民"政策的实施，解决我国农户存粮储存条件差和设施简陋的现状，我国还推行了农户科学储粮专项，为全国 26 个省（区、市）配置了 817 万套标准化储粮装具，可储存粮食约 1400 万吨，每年减少储粮损失 90 万吨。这一政策对于改善农户储粮质量产生了一定的效果，但是相比庞大的农户基数，这一政策并没有从总体上改善农户的储粮质量。因此，为了进一步推动我国粮食存储质量的改善，我国应该在已有政策的推动下，加快对不同类型粮食存储企业的存储设备、技术、存储方式创新等给予政策支持。我国政府应该通过相关政策鼓励不同类性的粮食存储企业主动改善存储设备、技术和存储方式,并对粮食储备设备和技术的更新换代进行政策性补贴。

(三)完善粮食加工企业的产品质量激励政策

粮食加工是粮食流通的重要枢纽,激发粮食流通企业的产品质量经营活力能极大程度地减少流通领域粮食质量问题的产生。首先,激励粮食加工企业扩大规模,并提高粮食加工转化率。由于资源约束,我国现阶段要通过降低粮食生产价格来改变粮食加工行业的"稻强米弱""麦强面弱"的局面是很困难的。因此,我国粮食企业要提高其利润空间,只能通过不断降低加工成本、建立品牌或提高粮食加工附加值等方式来达到目的。在保证粮食加工质量安全的基础上,要降低粮食加工成本,粮食企业能通过实现规模经济来降低粮食生产的平均成本。因此,我国政府应制定相关政策对粮食主产区的大型粮食加工企业进行扶持。我国《粮油加工业"十三五"发展规划》提出,支持主产区发展粮食深加工,形成一批特色优势产业集群。国家可以通过专项补贴、土地流转和经营优先、粮食运输网络构建等扶持政策鼓励粮食主产区建立粮食加工产业园区。我国政府通过粮食主销区对粮食主产区的生态补偿机制,激励粮食主销区的粮食加工企业到粮食主产区的粮食加工产业园区建厂。也可以通过对粮食加工企业的大型机械进行专项补贴,从而降低其投入成本。粮食加工企业达到一定规模后,其规模发展边界是有限的,不能无限制地扩张下去。为了保证经营的可持续,粮食加工企业需要通过不断的技术革新,产生品牌效应,或提高粮食加工附加值来获得更多的利润。根据我国《国务院办公厅关于进一步促进农产品加工业发展的意见》的相关规定,我国要支持示范性粮食加工企业建设,培育具有良好质量保证、加工标准化程度高的主食品牌。在此基础上,我国相关政府部门要制定相关政策鼓励主食品牌的建设。同时,根据

《粮油加工业"十三五"发展规划》的内容,"十三五"期间,随着消费需求升级和快速城镇化,人们更加青睐质优、富有营养的中高端粮油产品,并且希望企业提供的产品能满足他们对主食多样性、个性化和品牌化的深层次需求,这激励着粮食企业提高粮食加工附加值。要提高粮食加工附加值,可以通过提高粮食加工转化率得以实现。目前,我国的粮食加工企业还处于一种浅加工状态,粮食出品率有待提高,深加工的产品缺乏。造成这一现象的主要原因是企业对粮食加工转化的投入严重不足。因此,国家和地方可以共同制定相关政策对粮食加工企业进行加工转化技术创新进行资金投入扶持。例如基于贷款优惠、税收减免等政策,鼓励粮食加工企业进行技术创新,促进粮食加工转化率的提升。地方政府也可以根据《粮油加工业"十三五"发展规划》的指导精神,制定粮食副产品深度综合利用的试点政策,鼓励支持企业探索多元化途径来实现稻壳、米糠、麦麸、饼粕、玉米皮、玉米蛋白、玉米胚、玉米芯等副产物的循环、全值和梯次利用,提升产品附加值。

(四)通过相关政策推动粮食流通质量标准的提高

首先,我国的粮食流通质量需要统一的质量标准制定政策。例如,《粮食加工业发展规划(2011—2020年)》的粮食加工业质量安全的主要目标是制修订粮食加工业标准由2015年的280个增加到2020年的1000个;而《粮油加工业"十三五"发展规划》的质量安全发展目标是制修订粮油加工业标准由2015年的194个增加到2020年的312个。因此,我国应该统一粮食加工业的质量安全发展目标。中国社科院农村发展研究所研究员李国祥也指出我国不同部门的农产品质量安全指标不统一,并且这些标准经常调整,消费者对这些指标持怀疑态度,并且大部分指标是引导性的,不是强制性的(孔明,2016)。因此,我国应制定相关政策整合相关部门，由一个部门制定统一的粮食流通质量标准。其次，我国的粮食流通质量标准技术需要提高，达到与国际接轨的程度。从我国的质量认证标准来看，到 2010 年，我国已对 2003 年以前的标准进行更新，制修订 400 多项粮食加工标准，食品质量安全（QS）生产许可证制度得到全面施行，质量管理体系（ISO9000）和危害分析与关键控制点（HACCP）认证在大型企业得到很好的使用。但是，刘呈庆等（2009）通过实证分析得出，ISO9000 认证、HACCP 认证在降低食品污染风险方面没有发挥作用，原因是 ISO9000 认证和 HACCP 等认证没有得到广泛的普及，它们局限于大型企业，消费者对这些认证缺乏认识。王志刚等（2007）通过分析消费者对 HACCP 认证产品的购买意愿，发现中国消费者对 HACCP 认证产品的认知度较差。另外，由于粮食加工企业规模普遍偏小，我国粮食质量技术标准远低于国际标准。因此，我国要制定相关政策提高粮食质量技术标准，并对相关加工企业进行标准指导，鼓励相关企业制订严于国家标准和行业标准的企业标准，并且向消费者普及质量标准的相关知识。最后，根据质量风险的变化制定和调整粮食的最低质量标准。由于粮食是我国居民的主食，并且粮食的质量信息获取成本非常高昂，低质量粮食的消费会给个人带来高风险，并转化为更高的社会风险，而粮食加工企业为此承担的成本远远小于社会成本。因此，在此种情况下，政府的最低质量标准规制可以向所有消费者发送粮食产品质量信息。政府在制定粮食的最低质量标准时，要合理考虑其"阈值"不能过高也不能过低。目前，我国粮食制品抽查不合格结果显示的主要质量问题是各种非法添加、重金属超标和霉菌超标。为此，我国应在此基础上，针对目前粮食生产和加工质量现状，不局限于粮食质量的物理标准，而相应地增加粮食质量标准（例如增加农药残留标准）和营养标准（姚惠源，2015）。2017 年，国家粮食和物资储备局提出，在"中国好粮油行动计划"实施中，将制定优质粮食的质量品质分类标准作为 2017 年的粮食流通工作要点。与此同时，为了提高粮食质量，国家应该相应地制定更高的卫生标准和良好的操作规范。恶劣的卫生环境和操作失当是制造霉菌的重要原因，粮食的生产、加工、运输和存储中的很多质量问题都是这两个因素导致的。因此，国家要制定相关政策提高粮食供应链环节中的卫生标准，并对相关的企业进行良好操作规范的指导。

(五)修改相应的监管政策

《粮油加工业"十三五"发展规划》指出，部分企业缺乏法制和诚信意识，违规掺加食品添加剂，以次充好，欺骗消费者，导致食品安全事件的发生。我国相关监管部门的食品质量安全检测能力弱，没有形成全过程质量追溯体系，对粮食加工缺乏监管，粮食加工的单位产品能耗、水耗和污染物排放较高。因此，仅仅依靠粮食流通企业的自我规制是很难实现粮食质量安全的。为此，我国应根据市场的需要适当调整或修改监管政策。刘小峰等(2010)通过研究发现，弹性、动态的监管策略能更有效地控制食品安全，监管政策对食品供应链的上游影响较大，对下游影响则相对较小。因此，我国在修改粮食流通监管政策时，应尽量避免运动式的监管手段，多采用不定期监督的方式，加大监督范围和数量，做到监督范围全覆盖，并且要加大供应链不同环节的抽查，而不是拘泥于某些环节的监督。与此同时，我国要鼓励社会力量加入粮食流通质量监督行列。例如，可以制定相关政策，鼓励社会人员通过微信等社交平台监督粮食流通企业的违规操作，并且给予奖励。国家粮食和物资储备局颁布的《2017 年粮食流通工作要点》提出要在全国人口大县、产粮大县开展第三方检验检测。曹婧和孙绍荣(2010)通过对惩罚性赔偿制度下政府与企业、企业与消费者的静态博弈的分析，发现惩罚力度越大，企业的违法概率越低；所获赔偿金越多，消费者诉讼的积极性越高，从而遏制企业生产劣质产品。因此，我国应该从加强粮食企业产品质量安全责任的惩罚力度和完善消费者维权等方面调整相关政策。特别是在消费者维权方面，我国应该制定相关政策，努力降低消费者的维权成本和增加消费者的维权收益。

（六）为大幅度提高粮食质量的检验检测能力提供政策支持

粮食质量的检验检测能力决定粮食质量监管效果。为了提高粮食质量的检验检测能力，我国国家粮食和物资储备局制定了《粮食质量安全检验监测能力"十二五"建设规划》，这一规划的实施，在存储粮的质量安全抽查、监测和品质测报等方面发挥了重要的技术支撑作用，抽检的存储粮样品平均为每年40多万个，检测数据量超过每年300万个，质量违规案件得到及时查处，不达标粮食得到封存处置。但是这一规划主要涉及的是粮食收储环节的质量检测，较少涉及粮食加工和运输过程的质量检测，且检测机构的检验检测能力并没有得到很大程度的提高。根据《粮食收储供应安全保障工程建设规划（2015—2020年）》的内容，我国粮食收购的质量检验监测机构具有综合检验能力弱和检测效率低的特点，我国粮食收购缺乏质量安全快速检测能力，多数省级以下粮食质量检验监测机构只具备运用陈旧的小型仪器设备对粮食质量和品质的常规物理指标进行检验的能力，不能检验农药残留、重金属、真菌毒素等全部卫生指标。虽然我国已为300多个检验机构配置了粮食检验检测仪器设备，但是检验检测能力并没有从整体上得到很大提高。为此，我国应该积极探索覆盖粮食存储、加工和运输等环节的质量检验检测体系建设，通过国家粮食和物资储备局、国家市场监督管理总局等部门的通力合作，着重提高粮食流通领域的卫生指标的检验检测能力。我国还应该制定消费领域的粮食产品质量快速检验检测设备的购置和使用政策，这不但能够减少粮食产品的质量风险，还能对粮食产品的生产、加工、销售企业的质量安全责任进行民众监督。

三、培育"优质优价"的粮食消费政策

（一）制定相关政策提高消费者对我国粮食质量的信心

消费者的收入和对其产品质量的信心对厂商改善产品质量具有很大的影响。根据李想（2011）对信任品质量的研究，发现如果低端消费者的收入偏低，高质量厂商将没有条件成功显示其产品高质量。如果低端消费者的收入上升到一定水平，但外部监管缺失或消费者对产品质量的信心不足，那么高质量企业也不愿意努力发送产品质量信号。因此，我国要提高粮食的消费质量安全，一方面要制定相应的政策提高低端消费者的收入，另一方面要制定相关政策向消费者传递粮食质量信息，提高消费者对我国粮食质量的信心。改革开放以来，我国消费者的收入水平有了大幅度的提升。因此，我国现阶段应将政策重点放在如何提升消费者对粮食质量的信心这一方面。我国相关质量管理部门要通过各种媒体渠道，向消费者传递我国粮食质量信息，让消费者感受到政府和企业在粮食质量改善这一方面所做出的努力。

（二）制定相关政策提高消费者对粮食消费质量的认知

目前，虽然我国消费者对绿色优质粮食产品的需求很大，但是他们对于优质粮食产品的认知较少。即使我国推出一些高端的粮食产品，由于消费者的自身认知能力限制，销路也不会很理想。杨子刚等（2013）通过对 42 家农产品加工企业的调查发现，有 71.43% 的企业认为引发农产品质量安全问题的间接因素主要是消费者缺乏对质量安全农产品的购买意识。从我们的访谈调查结果也可以看出，不少消费者内心很希望购买到质量安全的粮

食,但是在选购粮食时,将价格放在第一考虑因素的人数占比很大。这意味着不少消费者并没有做好为更优质的粮食支付更高价格的准备,对粮食质量安全风险认知模糊。由于粮食属于食品的一种,我们有必要对消费者的食品质量安全风险认知进行了解。有不少学者对这一方面进行了详细的研究,形成了各种研究结论(杨炫,2014)。对于影响消费者食品安全风险认知的主要因素,有认为是严重的后果、风险的不受控制、对食品安全风险的认知程度、恐惧感的蔓延性及坏的影响程度等因素的(Slovic,1979);有认为是消费者的教育、年龄、收入、城市化等因素的(Gao 等,1993);也有认为是化学因素、政府的政策、污染和对健康的考虑的(Brewer 等,2002);还有认为是消费者的世界观的(Knight 和Warland,2005)。从我们的访谈结果来看,教育、收入、年龄、种植环境的污染和对健康的考虑等是影响消费者对粮食质量安全风险认知的主要因素。由于粮食引起的恶性事件发生率低,且对身体的影响隐性化,消费者对粮食质量的危害感知较少,很难从真正意义上重视粮食质量安全。而且,由于粮食产品市场存在的"柠檬效应",消费者对于高质量的粮食产品信任度不高。因此,政府应该制定相关的粮食质量科普政策。从我国历年"世界粮食日"的主题来看,我国注重粮食供给保障,但很少涉及对消费者粮食质量知识的普及和推广。我国可以将粮食质量的科普纳入"世界粮食日"的主题活动,向消费者宣传不同质量的粮食品种对人体健康带来的影响。并且将食品质量安全作为中小学生安全教育的重要内容,让消费者从小树立食品质量安全意识。也可以制定相关政策推动政府与粮食企业、各种社会组织或媒体合作,推出一系列的粮食质量安全主题活动,采用各种教育方式让消费者增强粮食消费质量安全意识。另外,还可以制定相关政策,加强消费者与粮食相关企业的互动,加深消费者对粮食相关企业的产品质量和经营方式的了解,增强消费者对粮食企业产品质量的信任度。例如，我国消费者由于对 HACCP 认证产品的认知度差，导致其购买意愿低，我国政府可以制定相关政策要求 HACCP 认证中心向企业和消费者普及相关知识，增强消费者的购买意愿。

（三）运用政策导向提高粮食消费者的检测能力和风险防范、处理能力

Antle（1999）认为产品测试是用于辨别经验品和信任品的产品质量的机制，但是这种方法对于个体消费者来说缺乏成本效率，对于集体消费者来说有成本效率。产品测试，也被称为消费者测试或比较测试，是测量产品性能的过程。产品测试是一种通过检查在营销策略（如广告）中提出的声明来增加消费者保护的策略，这些声明的性质符合分发服务的实体的利益，但不一定符合消费者的利益。产品测试的目的是确保消费者能够全面了解产品，保护消费者利益。产品测试可能由制造商、独立实验室、政府机构等完成。由于企业和政府对产品质量的监管都存在一定的问题，而消费者对于产品质量问题更加关注，这时，代表消费者利益的消费者组织产生。国际消费者组织的历史与美国消费者运动的历史密切相关，最初在消费者运动中消费者组织只寻求通过产品测试使产品符合最低安全标准，但很快消费者要求得到相似产品的比较信息（Brobeck 等，1997）。我国也可以借鉴国外的这种经验，探索粮食产品测试政策，为类似于消费者组织的社会团体产品测试机制的建立提供政策支持，鼓励多元化主体对粮食产品进行测试，并及时向大众提供产品检测结果。另外，我国消费者对粮食质量安全风险的处理能力弱，主要原因是我国消费者对产品质量风险的维权成本高、维权收益低。原告要冒着承担诉讼成本的风险，即使胜诉，在判决之后所获得的赔偿金额也可能非常少。这样的局面导致很多消费者放弃诉讼。因此，我国应制定政策提高消费者的赔偿金额，并且建立消费者对粮食质量投诉的快速反应机制，完善粮食消费质量安全的跟踪和反馈政策，为消

费者处理粮食质量风险提供政策保障。

第四节　建立法治粮食质量安全的法律体系

法律是政策得以实施的强制手段。政策一般对相关主体的权利与义务规定等不够明确。而法律有严格的逻辑结构和统一的体系，有清晰的边界和规则。我国的粮食质量安全管理一般采取先制定政策，实施一段时间，再考虑上升为法律的方式。这种模式导致相关法律法规滞后，并且依靠政策办事容易导致一些法律无法被严格执行。法律是约束企业行为和消费者行为的强制性手段，在现实生活中发挥着重要作用。Henson 和 Caswell（1999）认为通过法律法规来约束食品安全以及对消费者进行食品风险教育能有效地提高社会公共福利。Calabresi（1970）指出法律责任与政府质量安全规制起着相同的作用。Shavell（1984）认为在产品质量安全风险的控制过程中，企业所面对的产品质量法律责任制度要与政府监管保持平衡。

一、现有法律体系存在的问题

二十世纪八九十年代，我国真正开始涉及粮食质量安全的立法。我国《宪法》《基本农田保护条例》《土地管理法》《环境保护法》《农业法》《农产品质量安全法》《水污染防治法》《固体废物污染环境防治法》等法律法规都涉及保障粮食生产质量的相关内容。在粮食流通领域，我国颁布了《粮食收购条例》《粮食购销违法行为处罚办法》《农业转基因生物安全管理条例》《中央储备粮管理条例》《粮食流通管理条例》《粮食质量监管实施办法》《产品质量法》《食品安全法》《进出境动植物检疫法》《铁路货运事故处理规则》《出入境粮食和饲料检验检疫管理办法》和《学校食堂与学生集体用餐卫生管理规定》等法律法规，这些法律法规都提及粮食流通质量安全的相关内容。但这些立法存在数量少、位阶低、效力差、对粮食质量安全的描述缺乏系统性等问题，已经不适应我国现阶段的粮食质量安全管理（王保民和张峣，2013）。其中，最为重要的粮食质量安全法律是《农产品质量安全法》和《食品安全法》。从这两部法律的内容来看，其侧重点不同，《农产品质量安全法》侧重从生产的角度对食用农产品的质量安全管理进行规定；《食品安全法》则对食用农产品的市场销售、有关质量安全标准的制定、有关安全信息的公布以及农业投入品做出了相关规定。《农产品质量安全法》规定了农产品质量安全标准的强制实施制度、防止因产地污染影响质量安全的产地管理制度、农产品包装和标志管理制度、农产品质量安全监督检查和农产品质量安全违反行为责任追究制度，但没有规定农产品质量追溯内容。将保障粮食质量安全作为主要内容的《粮食质量监管实施办法》，涵盖了对粮食收购、储存、运输、政策性粮食加工、原粮与政策性粮食销售等经营活动的质量安全监管。但是《粮食质量监管实施办法》不包括商品粮加工和进出口粮食的质量监管，其效力级别属于部门规章，法律位阶较低，一旦与其他法律、行政法规及效力高于它的规范性文件相抵触，就不得不适用上位法的规定。

二、加强粮食质量安全的法律调控

（一）借鉴西方国家的相关经验，完善我国的相关法律

英国的食品安全法律很完备，涵盖了所有的食品类别和食品供应链的各个环节，这些法律授予监管机构对食品生产、加工和销售进行监管的权利，并且详细规定了对责任主体的违法行为的处罚（曲世敏，2013）。英国食品安全的相关法律对责任主体违法的处罚很重，违法处罚包括民事赔偿责任、行政处罚和刑事制裁。虽然我国现有《农产品质量安全法》《产品质量法》和《食品

安全法》等法律涵盖了粮食供应链的各个环节，但是我国相关法律对于粮食安全责任主体的违法行为处罚以罚款和赔偿为主，且处罚的金额过低，处罚过轻。并且，我国相关法律法规没有形成系统性，不利于执法操作。因此，我国可以借鉴英国的食品安全相关法律制定经验，整合我国的粮食质量安全相关立法，并且强化对责任主体违法处罚的力度。

（二）我国要重视粮食质量安全的事前防范立法

由于粮食是一种信任品，不安全粮食对消费者造成的损害多表现为慢性的，需要经过很长一段时间才能通过病症显现出来。这种属性导致粮食质量问题的诉讼取证难。如果粮食质量问题没有造成很严重的后果，消费者不会走诉讼程序，因为赔偿太少，诉讼成本太高。由此可见，因为原告需要提供充分的证据证明产品存在质量问题且这种问题与损害之间存在因果关系，这一过程的成本很可能高于其所受到的损害，这一现实导致这种事后赔偿的法律对违法责任主体的约束小（奥格斯，2009）。汪晓辉（2015）指出中国食品安全实践真正采取诉讼判决的案例数量相当少，落后的检测设备和检测技术使得违法行为难被发现，政府的执法难以进行。因此，我国应该对粮食安全标准的制定和实施加以法律上的保障，将法律用于粮食质量安全的事前防范。例如，美国的食品安全标准体系是在联邦和各州的法律基础上建立的（曲世敏，2013）。我国可以将粮食质量标准技术要求与法律结合，在法律的基础上建立质量标准，更有利于质量标准的实施和监管。例如，目前，我国粮食行业不能执行自愿标准，为了确保生产者准确描述他们所销售的粮食产品，以及产品对消费者安全无害，政府可以制定产品质量标准法律运用于产品测试。一般情况下，政府标准总是比自愿标准更严格，能达到减少危害的目标。

（三）建立完善的法律体系

对于粮食质量安全立法，我国缺乏一个完整的粮食质量安全法律体系。首先，我国粮食质量安全立法多包含在综合法中，至今没有一部专门的法律能完整地规定整个粮食供应链的质量安全要求。绝大部分相关立法并不是以维护粮食安全为初衷的，没有形成粮食安全的立法理念，相关立法在一定程度上维护粮食安全也仅仅是为其他目的实施后所产生的附属效应（乔兴旺，2008）。因此，有不少学者提出建立《粮食法》（邹凤羽，2007；鲍春来2010；曾晓昀，2016）、《粮食安全法》（穆中杰2013；李国庆，2013）或《粮食污染防治法》（王保民和张嵘，2013）等法律来促进粮食安全立法建设。但是这一立法过程进展缓慢，至今也没有一部位阶高的粮食法最终通过并实施。粮食质量安全是粮食安全的高层次要求，粮食质量安全应该体现在粮食法中。因此，我国需要构建相互协调、互为促进、门类齐全、结构严密的粮食安全法体系（穆中杰，2013）。这一法律体系要使国家层面的粮食立法与地方层面的粮食立法相统一，要注意与农业相关法律相配套，并要重视粮食生产、加工、存储、运输等全产业链各个环节的立法。

（四）通过立法完善转基因粮食的质量安全管理

目前，我国有关转基因粮食的主要行政法规有《农业转基因生物安全管理条例》，以及《农业转基因生物安全评价管理办法》《农业转基因生物标识管理办法》《农业转基因生物进口安全管理办法》《农业转基因生物加工审批办法》等部门规章。与立法机关颁布的法律相比，这些规章体现了应急性和临时性的特征，并且转基因粮食的相关立法位阶过低，且法律内容与现实情况存在一定的不适应。例如，我国转基因水稻和玉米的研发单位还不完全具备《农业转基因生物安全管理条例》中规定的试验条件，导致该法规难以得到执行(余翔和李娜, 2016)。还有我国对关乎粮食质量安全的转基因农药缺乏相关法律规制(李耀跃, 2013)。虽然我国《种子法》对转基因粮食种子的经营实行许可制度, 禁止任何单位和个人无证或者未按照许可证的规定经营转基因种子, 但实践中由于监管缺失, 很多经济主体有法不依的现象比比皆是, 导致这一法律在转基因种子管理中形同虚设(于大伟, 2010)。因此, 我国应该在转基因立法这一方面制定更加具体的法律监管责任主体和违法处罚细则, 加强法律对个人行为的约束力。同时, 我国还要对转基因农药、粮食种子等进行相关法律规制, 结合现实情况制定法律, 促进法律有效地服务于转基因粮食质量监管。

(五) 加强对自产自销粮食的地方立法支持

由于成本的不同, 粮食质量安全保障有着不同层次的措施。因此, 我国应该针对不同区域和不同群体的粮食质量安全保障进行法律。由于全国性法律具有统一性, 因此这类法律支持适合运用地方立法的形式进行支持。我国粮食生产和流通领域存在很多小作坊式的自产自销经营行为, 特别是在小城镇和广大的农村地区, 低收入甚至无收入的农民群体, 是将粮食的生产加工和销售作为获取收入的主要途径的。对于大多数农村家庭来说, 按照产品质量安全标准进行生产的成本过高, 导致国家规定的统一质量安全标准没法实施。为此, 我国有必要对于小作坊式的自产自销行为进行法律上的支持。例如, 我国农村家庭自产自销的粮食应该在法律上获得豁免例外规则。钟刚(2013)认为农村家庭自产自销农产品的豁免条件包括五个方面: 总销售额低于 50 万元的农产品家庭生产者为豁免主体; 豁免的农产品属于低风险食品, 并由地方立法制定可豁免的食品目录; 销售区域只限于本地传统零售; 销售对象必须是实体消费者; 采用地方立法。豁免例外规则并不表示这类农产品不需要得到监管, 这一规则必须与配套的产品质量认证和标识制度相结合，才能真正保障农产品质量安全。为此，我国可以采用豁免例外规则、质量安全认证、标签制度对小规模粮食生产和流通进行管理。自产自销的粮食要使用标签表明品名、产地、生产者、生产日期等内容，粮食经营主体要主动向政府提供自产自销认证手续，以便粮食产品的追溯机制形成，减少粮食质量安全风险。同时，在流通环节的检查采用豁免例外规则，从法律上鼓励自产自销产品的销售。

第五节　完善粮食质量安全的制度体系建设

一、强化企业自律的支持制度

（一）为粮食企业进行企业自律规制创造良好的制度环境

制度环境作为一种外部宏观治理因素，能够影响到存在于其范围内的所有经济主体，从而使他们在制度环境的差异下做出不同的行为决策。我国要营造一个公平正义的制度环境。通过减少政府对市场的干预，提高价格由市场决定的程度，削弱粮食生产和流通的地方保护，积极引导粮食企业通过技术创新和管理创新等行为提升竞争力。因此，我国应逐渐弱化对粮食市场的行政约束，制定以法律为主的强制性制度；为粮食企业营造一个以社会责任和专业化为核心的规范性制度；并形成一个弘扬正确价值观和信仰的文化认知制度。我国目前提出的社会主义核心价值观是一个很好的文化认知制度。根据英国改进规制特别小组（UK BRTF，2000）提出的观点，形成良好规制要遵循透明、负责、比例、一致性和目标的规制治理原则。我国政府可以借鉴这一原则对粮食质量安全进行规制。

(二)建立培育成熟的粮食企业的制度安排

目前，无论是粮食生产还是粮食加工，由于其布局分散且规模过小，得到的外部激励较少，我国的粮食企业对质量安全认知度不高。要提高粮食企业对质量安全的认知度，应该先提高我国粮食企业的竞争力。而要提高粮食企业的竞争力，就要先从优化粮食企业产业布局开始，将粮食产业做强做大。我国政府应鼓励"公司＋农户"模式的发展，并促进农业合作社、种粮大户等经营主体的形成，鼓励粮食加工产业园区的建设，将一家一户分散经营的主体组织起来。这需要我国制定相关的制度促进这种产业布局的健康发展。与此同时，我国要加强对各种经营主体制定从业资格制度，培育新型经营主体，引导其采用先进的装备、技术、观念提高粮食质量安全，增强粮食质量安全意识。并对种植、加工、包装乃至销售的每一个环节制定统一的质量标准、认证、标识制度。建立粮食及粮食制品的企业质量信息披露制度和粮食生产、经营记录制度，促进粮食企业实施全面质量管理。为了鼓励粮食企业深化全面质量管理，不断提高质量水平，我国可以在相关法律中设立全国粮食企业质量管理奖，对粮食企业的质量管理进行评价。

二、完善政府规制

(一)建立稳定的粮食质量安全规制机构问责制度

目前，我国粮食质量安全的相关制度存在规制机构难以实现问责、规制过程不透明、依法规制缺乏、规制具有不一致性等问题。我国涉及粮食质量管理的规制机构很多，但机构之间缺乏独立性和法律授权，责任推诿和争夺规制权力的戏码不断上演。例如，造成粮食的重金属污染有农业投入品使用不当、化工企业排污等原因。农业农村部门能对农业投入品进行规制，却缺乏对化工企业的规制权。在这种情况下，一旦出现粮食质量问题，这些部门就缺乏相应的法律进行问责，各部门容易出现责任推诿。即使有法可依，由于司法机构的不独立，也难以对规制机构进行问责。并且，消费者由于行政诉讼的成本过高且赔偿过低，放弃对规制机构进行问责的现象比比皆是。规制机构的问责制度缺失必然导致制定与实施规制政策缺乏透明性与参与性，难以提高规制效率。同时，我国的粮食质量安全立法过程缺乏透明性。相关立法一般由中央发展改革委员会、国家粮食和物资储备局、国家市场监督管理总局、农业农村部等部门牵头起草，草案上报国务院，再经全国人大审议通过。虽然在这一过程中，草案会向社会公布以征求各方意见，但是并没有形成一个完整的反馈机制，相关企业和消费者对立法的参与度很低，其利益表达难以得到体现，导致不少立法在实践中缺乏社会认可。这种"自上而下"的立法过程导致法律执行过程中出现"上有政策，下有对策"或有法不依的抵触行为，严重影响了规制效果。另外，我国粮食质量安全管理以行政制度为主，具有较大的灵活性，对粮食企业的规制治理具有重复博弈特征，政府规制呈现不连续性和不确定性，难以对粮食企业形成稳定的规制导向。粮食企业对于政府的规制目标的稳定性产生怀疑，降低了规制的可信度，影响了规制机构的声誉，导致规制难以得到有效执行。因此，我国应建立稳定的粮食质量安全规制机构问责制度，有效约束规制机构行为，完善粮食质量安全的立法过程，提高相关利益主体的立法参与度，形成良好的意见反馈制度。政府部门要以身作则，带头履行法律责任，形成有法可依、有法必依的规制氛围。

（二）健全地方政府的粮食质量安全责任制度

为了强化地方政府的粮食安全属地责任，我国先后制定了

《国务院关于建立健全粮食安全省长责任制的若干意见》和《粮食安全省长责任制考核办法》，确保粮食安全省长责任制的有效执行和落实。这些举措被纳入地方政府的综合业绩考核体系，作为中央政府对各省（区、市）人民政府主要负责人和领导班子综合考核评价的重要参考。然而，地方政府干扰监管部门执法的情况比比皆是，甚至出现地方政府与监管部门合谋的情况。为此，我国通过将监管部门的分级管理改为垂直管理来解决这一问题。我国工商、质检、食品药品监督管理机构是中央垂直机构，实行"半垂直管理"。对此，尹振东等（2011）指出单纯改变监管部门的管理模式并不能解决地方政府干扰监管部门执法的现实，垂直管理只有在监管任务容易考核和质量问题造成很大损失的条件下才能发挥其独立执法作用。财政分权制度是地方政府干扰监管部门独立执法的幕后推手。在财政分权制度下，地方政府存在保护当地企业的动机，有可能主动找监管部门合谋，保护存在质量问题的粮食企业。若监管部门出于私利，为了扩充部门经费，也隐性抬高行业准入门槛，获得不正当收益，并对有问题的粮食企业施行以罚代管，导致监管效率低下。当监管和创收捆绑在一起，监管部门之间必然更加注重权利之争。同时，粮食质量安全的分段监管使得部门间的职责划分模糊，部门之间责任推诿的问题严重，监管处于空心化状态。为此，健全我国粮食质量安全责任制度，并不能仅仅通过对监管部门实行垂直管理而达到有效监管，还应该适当改变中央对监管部门的收益分配。根据尹振东等（2011）的研究结论，监管机构选择不与地方政府合谋，对粮食质量问题进行公正执法的条件是，其获得的中央支付必须高于监管机构对粮食质量问题选择不执法获得的中央支付以及地方政府给其的私下转移支付。由于粮食质量问题带来的损失不易察觉，监管机构不执法也不容易被中央知晓，中央对监管机构不执法的支付等于对其认真执法的支付的概率很大，地方政府给监管部门的私下转移支付则难以估计，因此，中央政府要通过改变对部门的收益分配来激励监管部门独立执法在实际操作中困难重重。要真正做到让监管机构和地方政府认真执法，中央要采取举报奖赏制度，加大举报奖赏额度，鼓励工作人员和社会民众举报监管机构和地方政府的违法行为，并对举报人施行严格的保密制度。中央也可以赋予某些社会团体第三方监督权，激励其进行制度创新，提高社会团体对地方政府的粮食质量安全责任的监督效率。

三、建立社会团体参与制度

建立相关制度，充分发挥行业协会、商会等社会中间层主体在规制粮食企业质量安全管理中的作用。目前，我国粮食质量管理的社会中间层主体主要包括：中国粮食行业协会、中国食品工业协会、中国粮食经济学会、中国粮油学会、中国消费者协会等，以及食品安全风险评估机构、食用农产品质量检验机构、质量认证机构、高校科研所食品安全研究机构等。在国外，很多发达国家的社会中间层主体都因其非营利性、公益性和专业性的特征，在食品安全规制方面发挥了巨大的作用。其中，行业协会发挥着在政策制定的利益集团博弈中为本行业争取相应利益，对内进行行业自律和自我管理，督促企业履行保证产品质量、保护环境等社会责任的功能。中国粮食行业协会对本行业的生产加工技术、产品质量管理等方面比政府和消费者都拥有明显的信息优势。由于我国粮食行业存在数量巨大的小规模生产加工企业，粮食质量规制部门的规制能力极为有限，更需要行业协会发挥作用，帮助建立规制部门引导、行业协会主导的粮食质量安全保障体系。但是，中国粮食行业协会挂靠国家粮食和物资储备局，中国消费者协会挂靠多个政府职能部门。他们在本质上并不是民众自发组织成立的，在机构设置、核心人事任免以及规章设计与执行等组织运行方面很大程度上都受到其隶属或挂靠的政府机构的影响，同时在食品安全信息发布、抽检和监督等业务环节并不具有法定的权威（李想，2012）。除了这些带有官方色彩的组织，我国也有一些民众自发的组织，但是这些组织在法律上难以得到认可，很大程度上难以发挥其作用。因此，我国应该从制度上赋予民间组织更多的权力，鼓励这些组织真正发挥其协助政府规制的作用。建议我国从立法的角度，给予中国粮食行业协会独立的行业功能行使权，最大程度地发挥其应有的社会团体功能。

四、探索成熟消费者的培育制度

通过完善消费者投诉反馈机制和消费引导机制，培育成熟的消费者。消费者的食品安全需求是直接影响企业改善粮食质量安全的重要因素。李想（2011）的研究结果表明，当低端消费者的收入达到一定程度时，消费者信心的大幅提升能促进企业者自愿做出高质量信号显示，从而提高整个行业的质量安全水平。宋敏等（2012）指出，政府规制是一个相关利益集团共同参与、多方主体相互博弈的过程。规制主体和规制对象的特征和行为都会影响规制的效率。她还指出，在规制实践中，中国的被规制对象缺乏真正独立的企业利益集团和与大企业集团抗衡的消费者群体，从而严重影响博弈均衡，降低了规制的效率。因此，我国需要提高消费者的粮食质量安全的风险防范能力。我国政府可以建立与社区、医院、法院、学校和企业等主体的合作制度，培育成熟的消费者。例如，发动社区、医院、法院、学校和企业等对消费者进行质量安全知识宣传和推广，利用各种活动的开展推行科学合理的饮食习惯，提高消费者对粮食质量的辨别能力、对企业产品质量标准的认识能力和维权申诉能力。另外，我国应该建立完善的消费者质量投诉反馈机制，保护消费者的产品质量知情权，通过法律和行政制度的完善，保护消费者的合法权益。

参考文献

[1]Matopoulos A, Vlachopoulou M, Manthou V, et al. A conceptual framework for supply chain collaboration: empirical evidence from the agri-food industry [J]. Supply Chain Management, 2013, 12(3): 177 –186.

[2]Knight A J, Warland R. Determinants of Food Safety Risks: A Multi – disciplinary Approach [J]. Rural Sociology, 2005, 70(2): 253 –275.

[3]Alldrick A J. Food safety aspects of grain and cereal product quality [M]. Woodhead Publishing, 2010: 342 –366.

[4]Antle J M. Economic Analysis of Food Safety [M]. Handbook of Agricultural Economics, Eds. By Gardner B. And G. Rausser, 2001, 1(01): 1083 –1136.

[5]Naseem A, Mhlanga S, Diagne A, etc. Economic analysis of consumer choices based on rice attributes in the food markets of West Africa—the case of Benin [J]. Food Security, 2013 (5): 575 –589.

[6]Bagwell K, Riordan M. Equilibrium Price Dynamics for an Experience Good [J]. Discussion Papers, 1986.

[7]Better Regulation Task Force. Principles of Good Regulation [M]. London: Cabinet Office, 2000.

[8]Boyce C, Mack N. Conducting In – Depth Interviews: A Guide for Designing and Conducting In – Depth Interviews [J]. Watertown Massachusetts Path-

finder International May, 2006.

[9] Chen C L, Yang J, Findlay C. Measuring the effect of food safety standards on China's agricultural exports [J]. Rev. World Econ, 2008(144): 83 – 106.

[10] Hennessy D A. Information Asymmetry as a Reason for Food Industry Vertical Integration [J]. American Journal of Agricultural Economics, 1996, 78 (4): 1034 – 1043.

[11] Darby M R, Karnie. Free Competition And the Optimal Amount of Fraud [J]. Journal of Law and Economics, 1973, 16(4): 67 – 86.

[12] Dong F X, Jensen H H. Challenges for China's agricultural exports: compliance with sanitary and phytosanitary measures [J]. Choices, 2007 (22): 19 – 24.

[13] Bardach E, Kagan R A. Going by the Book: The Problem of Regulatory Unreasonableness [J]. Political Science Quarterly, 1982, 98(98): 55 – 55.

[14] Everstine K, Spink J, Kennedy S. Economically motivated adulteration (EMA) of food: common characteristics of EMA incidents [J]. Journal of Food Protection, 2013 (76): 723 – 735.

[15] Calabresi G. The Cost of Accidents: A Legal and Economic Analysis [M]. Yale: Yale University Press, 1970.

[16] Qian G, Jackson P. Consuming Anxiety? [J]. Food, Culture & Society, 2012, 15(4): 557 – 578.

[17] Gale H, Hu D. Food Safety Pressures Push Integration in China's Agricultural Sector [J]. American Journal of Agricultual Economics, 2012, 94 (2): 483 – 488.

[18] Gandhi V P, Zhou Z. Food demand and the food security challenge with rapid economic growth in the emerging economies of India and China [J]. Food Research International, 2014(63): 108 – 124.

[19] Garella P, Petrakis E. Minimum quality standards and consumers' information [J]. Economic Theory, 2008, 36(2): 283 – 302.

中国粮食质量安全研究

[20] Gary, Cacciatore. The Overregulation of Pharmacy Practice [J]. Pharmaco-
therapy, 1997, 17(2): 395 – 396.

[21] Akerlof G. The Market for "Lemons": Quality Uncertainty and the Market
Mechanism [J]. Quarterly Journal of Economics, 1970, 84 (3): 488
– 500.

[22] Zhu H, Jackson P, Wang Wentao. Consumer anxieties about food grain
safety in China [J]. Food Control, 2017, 73(B): 1256 – 1264.

[23] Briggs J. Green Revolution. International Encyclopedia of Human Geography
[M]. Netherland: Elsevier Science, 2009: 634 – 638.

[24] Antle J M. The New Economics of Agriculture [J]. American Journal of Ag-
ricultural Economics, 1999, 81(5): 993 – 1010

[25] Ruhnka J C, Boerstler H. Governmental incentives for corporate self – regu-
lation [J]. Journal of Business Ethics, 1998(17): 309 – 326.

[26] Yasuda J K. Why Food Safety Fails in China: The Politics of Scale [J].
The China Quarterly, 2015(223): 745 – 769.

[27] Antle J M. Efficient Food Safety Regulation in the Food Manufacturing Sector
[J]. American Journal of Agricultural Economics, 1996, 78 (5): 1242
– 1247.

[28] Mendeloff J. Regulatory Reform and OSHA Policy [J]. Journal of Policy A-
nalysis and Management, 1986, 5(3): 440 – 468.

[29] Segerson K. Mandatory versus voluntary approaches to food safety [J]. Re-
search Report University of Connecticut Food Marketing Policy Center,
1999, 15(1): 53 – 70.

[30] Kaur K D, Jha A, Sabikhi L, et al. Significance of coarse cereals in health
and nutrition: a review [J]. Journal of Food Science Technology, 2014
(51): 1429 – 1441.

[31] Lam H M, Remais J, Fung M C, et al. Food supply and food safety issues
in China [J]. The Lancet, 2013, 381(9882): 2044 – 2053.

196

[32] Senden L. Soft law, self – regulation and co – regulation in European law: Where do they meet? [J]. Electronic Journal of Comparative Law, 2005, 9 (1): 20 – 28.

[33] Voss M D. The Role of Security in the Food Supplier Selection Decision [J]. Journal of Business Logistics, 2009, 30(1): 127 – 155.

[34] Ragona M, Mazzocchi M. Food safety regulation, economic impact assessment and quantitative methods [J]. Innovation: The European Journal of Social Science Research, 2008, 21(2): 145 – 158.

[35] Mao Xuefei, Tang Xiaoyan, Wang Yan, et al. Sources and control measures about heavy metal pollution prevention of crop products from "cadmium rice" event [J]. Quality and Safety of Agro – Products, 2013(4): 57 – 59.

[36] Marette S. Minimum safety standard, consumers' information and competition [J]. Journal of Regulatory Economics, 2007, 32(3) : 259 – 285.

[37] Boer M D, Mccarthy M, Brennan M, et al. Public understanding of food risk issues and food risk messages on the Island of Ireland: the views of food safety experts [J]. Journal of Food Safety, 2015(25): 241 – 265.

[38] Martinez M G, Fearne A, Caswell J A, et al. Co – regulation as a possible model for food safety governance: Opportunities for public & ndash; private partnerships [J]. Food Policy, 2007, 32(3): 299 – 314.

[39] Martinez M G, Verbruggen P, Fearne A. Risk – based approaches to food safety regulation: what role for co – regulation? [J]. Journal of Risk Research, 2013, 16(9): 1101 – 1121.

[40] Arthur P J. Governing China's food quality through transparency: a review [J]. Food control, 2014 (43): 49 – 56.

[41] Moore J C, Spink J, Lipp M. Development and applications of a database of food ingredient fraud and economically motivated adulteration from 1980 to 2010 [J]. Journal of Food Science, 2012 (77): 118 – 116.

[42] Brewer M S, Prestat C J. Consumer Attitudes toward Food Safety Issues

197

[J]. Journal of Food Safety, 2002, 22(2): 67 – 83.

[43] Nelson P. Information and consumer behavior [J]. Journal Of Political E-
conomy, 1970, 78(2): 311 – 329.

[44] Noelke, Corinna M, Caswell J A. A model of the implementation of the im-
plementation of quality management systems for credence attributes [C].
The AAEA Annual Meeting, 2000, 28 – 37.

[45] Slovic P, Fischhoff B, Lichtenstein S. Rating the Risks [J]. Environment:
Science and Policy for Sustainable Development, 1979, 21(3): 14 – 39.

[46] Peng Y, Li J, Xia H, et al. The effects of food safety issues released by we
media on consumers´ awareness and purchasing behavior: a case study in
China [J]. Food Policy, 2015 (51): 44 – 52.

[47] Andersen P P. Food security: definition and measurement [J]. Food Secur-
ity, 2009, 1(1): 5 – 7.

[48] Eijlander P. Possibilities and constraints in the use of self – regulation and co
– regulation in legislative policy: Experiences in the Netherlands – lessons
to be learned for the EU? [J]. Electronic Journal of Comparative Law,
2005, 9(1): 102 – 114.

[49] Brian R, Ian S. Credence Good Labeling: The Efficiency and Distributional
Implications of Several Policy Approaches [J]. American Journal of Agricul-
tural Economics, 2007, 89(4): 1020 – 1033.

[50] Brobeck S, Mayer R N, Herrmann R O. Encyclopedia of the consumer
movement [M]. Santa Barbara : ABC – CLIO, LLC., 1997.

[51] Henson S, Caswell J. Food safety regulation: an overview of contemporary
issues [J]. Food Policy, 1999, 24(6): 589 – 603.

[52] Shavell S. A Model of Optimal Use of Liability and Safety Regulation [J].
Rand Journal of Economics, 1984, 15(2): 271 – 280.

[53] Scott W R. Institutions and Organizations [M]. Thousand Oaks, CA:
Sage, 1995.

[54]Stigler, George. The theory of economic regulation [J]. The Bell Journal of Economics and Management Science, 1971, 2(1): 3 - 21.

[55]Tanaka Y, Sakamoto Y, Matsuka T. Toward a social - technological System that inactivates false rumors through the critical thinking of crowds [C]. In 2013 46th Hawaii International conference on system sciences, 2013: 649 - 658.

[56]Thakur M, Martens B J, Hurburgh C R. Data modeling to facilitate internal traceability at a grain elevator [J]. Computers & Electronics in Agriculture, 2011, 75(2): 327 - 336.

[57]Saitone T L, Sexton R J. Product Differentiation and Quality in Food Markets: Industrial Organization Implications [J]. Annual Review of Resource Economics, 2010, 2(1): 341 - 368.

[58]Schultz T W. Institutions and the Rising Economic Value of Man [J]. American Journal of Agricultural Economics, 1969, 50(1): 1113 - 1122

[59]Dulleck U, Kerschbamer R. On Doctors, Mechanics, and Computer Specialists: The Economics of Credence Goods [J]. Journal of Economic Literature, 2006, 44(1): 5 - 42.

[60]Shiva V. The violence of the green revolution: Third world agriculture, ecology, and politics [M]. The University Press of Kentucky, 2016.

[61] Jang W. Klein M. Supply chain models for small agricultural enterprises [J]. Annals of Operations Research, 2011, 190(1): 359 - 374.

[62]Roberts W. The no - nonsense Guide to world food [M]. New Internationalist Publications Ltd (UK), 2013: 11.

[63]Zhang Wenjing, Xue Jianhong. Economically motivated food fraud and adulteration in China: An analysis based on 1553 media reports[J]. Food Control, 2016 (67): 192 - 198.

[64]Wu D, Sun D. Advanced applications of hyperspectral imaging technology for food quality and safety analysis and assessment: A review — Part II: Appli-

cations [J]. Innovative Food Science & Emerging Technologies, 2013 (19): 15 –28.

[65]Wu Y, Chen Y. Food safety in China [J]. Journal of Epidemiology and Community Health, 2013, 67(6): 478 – 479.

[66]Gao X M, Reynolds A, Lee J Y. A structural latent variable approach to modelling consumer perception: a case study of orange juice [J]. Agribusiness, 1993, 9(4): 317 –324.

[67]Lin Yao – Yu, Zeng Hui, Li Gui – Cai, et al. Economic development is ultimate determinant of food safety: A case study of China [J]. Environmental Pollution, 2010 (158): 1185 – 1188.

[68]Lu Yonglong, Song Shuai, Wang Ruoshi, et al. Sweetman, Alan Jenkins, Robert C. Ferrier, Hong Li, Wei Luo, Tieyu Wang. Impacts of soil and water pollution on food safety and health risks in China [J]. Environment International, 2015 (77): 5 – 15.

[69]Zhang Xiao – nan, Guo Qiu – ping, Shen Xiao – xue, et al. Water quality, agriculture and food safety in China Current situation, trends, interdependencies, and management [J]. Journal of Integrative Agriculture, 2015, 14 (11): 2365 – 2379.

[70]Zhang X, et al. Impact of Soil Heavy Metal Pollution on Food Safety in China [J]. PLOS ONE, 2015, 10(8): 135 –182.

[71]奥格斯. 规制: 法律形式与经济理论[M]. 骆梅英, 译. 北京: 中国人民大学出版社, 2008.

[72]安丰东. 中国食品安全规制问题研究[J]. 消费经济, 2007 (3): 74 –77.

[73]包刚升. "国家治理"新思路[EB/OL]. [2013 – 11 – 20]. http://www.cssn.cn/zzx/zzxll_zzx/201409/W020140905352538004292. pdf.

[74]鲍春来. 试论现行法律体系下粮食法之构建[J]. 中国粮食经济, 2010 (7): 16 –17.

［75］姜靖. 氮气气调储粮：向化学药剂说"不"［N］. 科技日报，2014－5－9.

［76］本报记者刘慧. 粮食品牌建设路还很长［N］. 经济日报，2015－8－4.

［77］本报记者谢玲. 全谷物杂粮挂面产业化项目突破杂粮含量低和口感差两大难题［N］. 中国食品报，2016－08－17.

［78］边云秀，周莉莉，刘建珍，等. 粮食及其制品中放射性物质污染情况的调查分析［J］. 职业卫生与应急救援，2002，20（3）：134.

［79］蔡放波. 论政府责任体系的构建［J］. 中国行政管理，2004（4）：48－51.

［80］曹婧，孙绍荣. 惩罚性赔偿制度的博弈模型分析——以食品安全问题为例［J］. 经济体制改革，2010（4）：164－166.

［81］曹阳. 依靠科技创新减少粮食产后损失［J］. 中国农村科技，2014（7）：41.

［82］昌朋淼. 我国粮食出现价格倒挂现象 专家：应走差异化竞争道路［EB/OL］.［2015－10－08］. 央广网，http：//finance. cnr. cn/jjpl/20151008/t20151008_520079769. shtml.

［83］常健，郭薇. 行业自律的定位、动因、模式和局限［J］. 南开学报（哲学社会科学版），2011（1）：133－140.

［84］常良，陈楣. 略论跨国粮食污染治理及我的应对策略［J］. 粮食问题研究，2007，（5）：36－38.

［85］陈敏. 粮食安全与政府责任研究［D］. 杭州：浙江大学，2005.

［86］陈清硕. 过量使用化学氮肥的负效应［J］. 农资科技，1997（4）：3－4.

［87］陈思，罗云波，江树人. 激励相容：我国食品安全监管的现实选择［J］. 中国农业大学学报（社会科学版），2010（3）：168－175.

［88］陈锡文，陈昱阳，张建军. 中国农村人口老龄化对农业产出影响的量化研究［J］. 中国人口科学，2011（2）：39－46＋111.

［89］陈锡文. 推进粮食供给侧结构改革势在必行［J］. 农村工作通讯，2016（5）：18－21.

［90］陈锡文. 2015年中国粮食总需求缺口约2000万吨［EB/OL］.［2016－03

－06］．http：//www. sohu. com/a/62112369_119556.

［91］陈晓红．食品质量安全的市场失灵及其治理——基于制度经济学的视角［J］．生产力研究，2008（14）：70－73＋171.

［92］陈新华，王厚俊，方凯，等．基于多中心治理的农产品质量安全问题研究［J］．南方农村，2014（9）：20－23.

［93］陈瑜琦，李秀彬．1980 年以来中国耕地利用集约度的结构特征［J］．地理学报，2009（4）：469－478.

［94］程国强．农业生产进入高成本时代［J］．农经，2014（8）：10.

［95］程虹，李丹丹．我国宏观质量管理体制改革的路径选择［J］．中国软科学，2009（12）：169－178.

［96］崔晓林.五常香米掺假调查：全市 200 家米厂相继停业整顿［EB/OL］．［2010－07－27］．http：//news. sina. com. cn/c/sd/2010－07－27/112520766515. shtml.

［97］戴杰帆.农产品质量安全监管存在的问题及对策［J］．现代农业科技，2014（7）：296－297＋299.

［98］戴治勇，杨晓维．间接执法成本、间接损害与选择性执法［J］．经济研究，2006（9）：94－102.

［99］单晓雪，胡建蓉，熊升伟．我国粮食作物中的黄曲霉毒素的研究进展［J］．食品安全导刊，2015（18）：47－48.

［100］丁建.浅论企业质量道德与质量行为［J］．青海社会科学，2006（5）：34－35.

［101］丁声俊．以"供给侧"为重点推进粮食"两侧"结构改革的思考［J］．中州学刊，2016（3）：42－48.

［102］丁声俊．"粮安天下"的新战略、新内涵、新举措［J］．价格理论与实践，2014（1）：31－33.

［103］杜凯.农业剩余劳动力就地转移问题的探讨——以河南省刘庄为例［D］.武汉：华中师范大学，2014.

［104］杜萌.食品安全标准检测难度大成本高成消费者维权障碍［EB/OL］．

［2014 – 08 – 18］. http：//www. chinairn. com/news/20140818/12340410.
shtml.

［105］段龙龙. 我国耕地质量危机的引发原因及对策论析［J］. 现代经济探
讨, 2016(10)：40 – 44.

［106］樊胜根. 国际食物政策研究所所长：创新制度安排 应对粮食安全新挑
战［N］. 粮油市场报, 2010.

［107］范东君. 分税制改革对粮食生产影响实证研究［J］. 求索, 2015(8)：
35 – 40.

［108］冯华. 全国种粮大户和粮食生产合作社：种了 1/10 地产出 1/5 粮
［N］. 人民日报, 2013 – 3 – 24.

［109］冯会玲. 河南原阳大米 90% 是冒牌货曾被誉为中国第一米［EB/OL］.
［2015 – 03 – 20］. http：//legal. people. com. cn/n/2015/0320/c188502
– 26723431. html.

［110］冯良宣, 齐振宏, 周慧, 等. 消费者对转基因食品购买意愿的实证研
究——以重庆市为例［J］. 华中农业大学学报(社会科学版), 2012
(2)：1 – 6.

［111］付恭华. 中国粮食生产的多维成本研究［D］. 北京：中国农业大
学, 2014.

［112］付丽丽. 科技日报社和中国科学技术发展战略研究院的问卷调查显
示, 公众对转基因接受度显著下降, 对其风险担忧和收益感知不足是
"反转"重要原因［N］. 科技日报, 2016 – 5 – 16.

［113］傅正兵, 王君, 俞海明, 等. 大米适度加工与过度加工经济效益对比
分析［J］. 粮食加工, 2014(1)：25 – 27.

［114］甘信军. 质量安全应从"根"抓起——对农村质量安全的调查与思考
［EB/OL］.［2015 – 09 – 09］. 中国质量新闻网, http：//www. cqn. com.
cn/news/zgzlb/disan/1076098. html.

［115］高彦彦, 郑江淮. 分税制改革、城市偏向与中国农业增长［J］. 南方经
济, 2012(7)：18 – 29.

[116]耿雪娟，韩宏灯. 农村居民食品安全意识的实证研究——基于东川区农村的调查分析[J]. 云南农业大学学报（社会科学版），2011（6）：28-32.

[117]管伟举，姚磊，袁海波. 加强粮食科普宣传力度提升科普效果[J]. 粮食与食品工业，2015（3）：31-33+36.

[118]郭爱明，郭耀邦. 层次分析法确定食品质量指标权重[J]. 食品科学，1994（7）：6-10.

[119]郭铁. "以陈顶新"背后：我们能吃到多少新米？[N]. 新京报，2015-4-23. 第 B15 版.

[120]郭玮，王来武. 粮食省长负责制：矛盾和问题[J]. 农业经济问题，1998（12）：2-6.

[121]国家统计局. 中国国家统计年鉴[M]. 北京：中国统计出版社，2016.

[122]国家统计局. 中国国家统计年鉴[M]. 北京：中国统计出版社，2014.

[123]国家统计局重庆调查总队课题组. 我国粮食供求及"十三五"时期趋势预测[J]. 调研世界，2015（3）：3-6.

[124]国务院发展研究中心研究员吴庆. 完善制度安排 严控粮食浪费[N]. 粮油市场报，2011-6-9.

[125]贺林平. 广东全面摸查大米质量安全现状[EB/OL].[2013-05-22]. http://zwgk. gd. gov. cn/006940132/201306/t20130604_376950. html.

[126]洪巧俊. 转基因泛滥，农业部该承担什么责任？[EB/OL].[2014-04-02]. http://news. 163. com/ 14/0402/15/9OR9J9Q800014AEE. html.

[127]胡家勇. 政府干预理论研究[M]. 大连：东北财经大学出版社，1996：122-131.

[128]胡军华. 中国粮食库存世界最高危如累卵.[EB/OL].[2015-10-18]. http://roll. sohu. com/20151018/n423518783. shtml.

[129]胡璇子. 成果转化：把粮食"老三样"做出"新花样"[N]. 中国科学报（第6版），2016-5-25.

[130]黄进. 全省农产品质量安全形势稳中向好[N]. 南方日报（第A09

版), 2016 – 6 – 21.

[131]冀咏赞, 闫慧敏, 刘纪远, 等. 基于 MODIS 数据的中国耕地高中低产田空间分布格局[J]. 地理学报, 2015(5): 766 – 778.

[132]贾继增, 张启发. 为第二次"绿色革命"发掘基因资源——国家重点基础研究发展规划项目"农作物核心种质构建、重要新基因发掘与有效利用研究"总体设计及研究进展[J]. 中国基础科学, 2001(7): 6 – 10.

[133]贾兴鹏. 发改委: 丰收年致仓储能力不足 东北大量粮食露天存放[EB/OL]. [2014 – 11 – 26]. http://finance. people. com. cn/n/2014/1126/c1004 – 26097663. html.

[134]姜长云. 关于解决当前粮食库存问题的思考[J]. 中国发展观察, 2016(14): 33 – 35 + 7.

[135]蒋高明. 耕地有机质下降意味着什么? [EB/OL]. [2016 – 07 – 31]. http://www. sohu. com/a/127539188_613168.

[136]金广, 程红莉, 宋宝清. 粮食安全、农户行为与发展对策研究——基于湖北省农户的调研数据分析[J]. 安徽农业科学, 2016(1): 289 – 291.

[137]孙乐琪. 社科院蓝皮书: 七成人对难辨谣言"宁可信其有"[EB/OL]. [2016 – 06 – 22]. http://www. sohu. com/a/85203661_114775.

[138]康弥, 吴秀敏, 赵智晶. 中国家庭联产承包责任制下的农业生产效率研究[J]. 中国农学通报, 2014(17): 138 – 144.

[139]孔川, 陈宁. 巩固与完善家庭联产承包责任制的探讨[J]. 北京电子科技学院学报, 2008(1): 45 – 49.

[140]孔明. 多部委起草《"十三五"国家食品安全规划》[EB/OL]. [2016 – 12 – 26]. http://news. foodmate. net/2016/12/409694. html.

[141]兰录平. 中国粮食最低收购价政策研究[D]. 长沙: 湖南农业大学, 2013: 116.

[142]雷银生. 粮食质量安全的影响因素及对策探讨[J]. 科技创业月刊,

2015(17)：39 - 41.

[143]李酣. 从市场失灵到政府失灵——政府质量安全规制的国外研究综述[J]. 宏观质量研究, 2013, 1(2)：66 - 74.

[144]本报记者李方. 经济日报徐如俊：主流媒体应勇担责任抵制食安谣言[EB/OL]. [2016 - 06 - 23]. 中国经济网, http：//www. ce. cn/cysc/sp/info/201606/23/t20160623_13132999. shtml.

[145]李国庆. 从广东"镉大米"事件看我国粮食质量安全的监管[J]. 河南工业大学学报(社会科学版), 2013(3)：20 - 23.

[146]李国祥. 农业供给侧结构性改革要主攻供给质量[N]. 上海证券报, 2017 - 1 - 4.

[147]李国英. 就地转移：农村剩余劳动力转移的新模式[J]. 经济问题探索, 2007(10)：22 - 25.

[148]李酣, 马颖. 过度问责与过度规制——中国质量安全规制的一个悖论[J]. 江海学刊, 2013(5)：74 - 80 + 238.

[149]李慧. 向科技要安全储粮[N]. 光明日报(第02版), 2014 - 12 - 7.

[150]李曼琳, 郭红东. 消费者对安全大米的认知和购买行为分析[J]. 西北农林科技大学(社会科学版), 2007(4)：66 - 71.

[151]李俏, 谷国锋, 姚丽, 等. 黑龙江垦区耕地利用效率变化分析[J]. 干旱区资源与环境, 2016(4)：30 - 35.

[152]李腾飞, 亢霞. "十三五"时期我国粮食安全的重新审视与体系建构[J]. 农业现代化研究, 2016(4)：657 - 662.

[153]李熙. 对中国粮食收购制度的反思[EB/OL]. [2015 - 07 - 06]. https：//wenku. baidu. com/view/ef6927ec31b765ce0408140b. html.

[154]李想. 信任品质量的一个信号显示模型：以食品安全为例[J]. 世界经济文汇, 2011(1)：87 - 108.

[155]李想, 石磊. 质量的产能约束、信息不对称与大销量倾向：以食品安全为例[J]. 南开经济研究, 2011(2)：42 - 67.

[156]李耀跃. 试论我国转基因粮食安全的立法建构[J]. 河南工业大学学

报(社会科学版),2013(3):29 - 32.

[157]李兆林,陈玉建,张景光. 一起食品运输污染事故调查分析[J]. 疾病监测与控制杂志,2008,2(10):592 - 593.

[158]梁薇薇. 食责险:投保"舌尖上的安全"?[N]. 新京报,2014 - 7 - 30.

[159]梁新华. 官方回应"粮食库存增多 陈化粮会否进民众饭碗"[EB/OL]. [2015 - 12 - 07]. https://china. huanqiu. com/article/9CaKrnJS3aC.

[160]廖爱玲,金煜. 湖南"镉大米"收自当地农户[N]. 新京报,2013 - 5 - 22.

[161]林大燕,朱晶. 中国主要粮食品种比较优势及进口市场结构研究[J]. 世界经济研究,2015(2):115 - 126 + 129.

[162]林家永,陆晖,孙辉. 国内外粮油标准体系发展现状与对策[J]. 农产品加工(创新版),2009(5):26 - 29.

[163]刘成武,李秀彬. 1980 年以来中国农地利用变化的区域差异[J]. 地理学报,2006(2):139 - 145.

[164]刘呈庆,孙日瑶,龙文军,等. 竞争、管理与规制:乳制品企业三聚氰胺污染影响因素的实证分析[J]. 管理世界,2009(12):67 - 78.

[165]刘东,贾愚. 食品质量安全供应链规制研究:以乳品为例[J]. 商业研究,2010(2):100 - 106.

[166]刘辉,李亦亮. 我国农业物流发展问题与解决对策[J]. 中国市场,2016(23):25 - 26 + 38.

[167]刘慧. 让到手的粮食颗粒无损[N]. 经济日报(第 14 版),2014 - 7 - 23.

[168]刘纪远,匡文慧,张增祥,等. 20 世纪 80 年代以来中国土地利用变化的基本特征与空间格局[J]. 地理学报(英文版),2014(2):195 - 210.

[169]刘录民. 我国食品安全监管体系研究[D]. 杨凌:西北农林科技大学,2009.

[170]刘璐. 中等收入群体比重变动问题研究[D]. 合肥:安徽大学,2015.

［171］刘洛，徐新良，刘纪远，等. 1990—2010 年中国耕地变化对粮食生产潜力的影响分析（英文）［J］. Journal of Geographical Sciences，2015（1）：19－34.

［172］刘清，蔡学斌，娄正. 我国农户粮食产后处理现状、问题及建议［J］. 农业工程技术（农产品加工业），2014（10）：18－21.

［173］刘文. 食品安全指数的构建及应用研究［D］. 武汉：华中农业大学，2013.

［174］刘文. 我国粮食加工品安全指数评价方法及应用［J］. 农业技术经济，2013（6）：123－128.

［175］刘小峰，陈国华，盛昭瀚. 不同供需关系下的食品安全与政府监管策略分析［J］. 中国管理科学，2010（2）：143－150.

［176］刘小魏. 政府食品安全规制失灵的治理研究［D］. 武汉：华中师范大学，2014.

［177］刘晓冬，王增朝. 2005—2010 年铁路食品运输污染典型案例分析［J］. 医药论坛杂志，2011（18）：93－94.

［178］刘兴信. 关于稻谷适度加工问题的探讨［J］. 粮油食品科技，2012（1）：1－6.

［179］刘艳芳，陈怡平. 超高压技术在谷物和豆类加工中的应用［J］. 粮食流通技术，2008（3）：38－40.

［180］刘永杰，张金振，曹明章，等. 酶抑制法快速检测农产品农药残留的研究与应用［J］. 现代农药，2004（2）：25－27＋42.

［181］刘勇. 大米过度加工现象普遍［N］. 湖南日报，2014－10－19.

［182］刘月华. 2015 年我国粮食进口超过 1.2 亿吨［EB/OL］.［2016－01－27］. http://news.nongji360.com/html/ 2016/01/208225.shtml.

［183］鲁晓东. 粮食省长负责制的回顾与思考［J］. 调研世界，1998（11）：33－34＋39.

［184］陆彬. 农产品质量安全研究新进展［J］. 经济学动态，2012（4）：133－137.

［185］罗方平. 浏阳建立农产品质量安全"四级"监管体系［N］. 浏阳日报，
　　　 2016 – 8 – 10.

［186］罗雯. 浅析粮食加工现状与前景［J］. 科技致富向导，2014(30)：166.

［187］罗翔，罗静，张路. 耕地压力与中国城镇化——基于地理差异的实证
　　　 研究［J］. 中国人口科学，2015(4)：47 – 59 + 127.

［188］罗英. 产品质量规制如何影响经济增长质量——原理与案例的双重诠
　　　 释［J］. 武汉大学学报(哲学社会科学版)，2014(5)：32 – 38.

［189］罗赟，向仲朝，岳蕴瑶. 绵阳市 2010—2012 年蔬菜、水果和粮食中农
　　　 药残留量分析［J］. 现代预防医学，2014，08：1386 – 1390.

［190］骆建忠. 基于营养目标的粮食消费需求研究［D］. 北京：中国农业科
　　　 学院，2008.

［191］马爱平. 粮食供给侧结构性改革，将饭碗端在自己手里［N］. 科技日
　　　 报(第 05 版)，2016 – 11 – 22.

［192］马强. 中国粮食综合生产能力与粮食安全问题研究［J］. 农业经济，
　　　 2006(8)：3 – 5.

［193］马晓河. 新时期我国需要新的粮食安全制度安排［J］. 国家行政学院
　　　 学报，2016(3)：76 – 80.

［194］马晓辉，王殿轩，李克强，等. 中央储备粮中主要害虫种类及抗性状
　　　 况调查［J］. 粮食储藏，2008(1)：7 – 10.

［195］马莺，崔杰. 粮食质量安全学［M］. 北京：科学出版社，2010.

［196］米燕. 消费者可在快检点自测食品是否安全［N］. 南方都市报(SA63
　　　 版)，2016 – 2 – 5.

［197］穆中杰. 我国粮食安全法体系的现状及发展［J］. 河南工业大学学报
　　　 (社会科学版)，2013(2)：18 – 21 + 107.

［198］倪锦丽，张丽娜，于德运. 吉林省粮食加工产业面临的问题及对策
　　　 ［J］. 经济纵横，2008 (12)：58 – 60.

［199］聂振邦. 我国粮食库存居历史最高水平［EB/OL］.［2016 – 05 – 23］.
　　　 http：//www. ce. cn/ztpd/xwzt/zhibo/yz7/ft7/201605/23/t20160523 _

11866299. shtml.

[200]农业部农产品加工局. 2015 年全国粮食加工与制造行业运行分析
[EB/OL]. [2016 – 03 – 14]. http：//news. wugu. com. cn/article/
727363. html.

[201]欧阳建勋. 对粮食质量安全与监测体系工作的思考[J]. 粮食科技与
经济, 2007, 32(5): 43 – 45.

[202]潘月红. 当前我国粮食消费现状及发展趋势浅析[J]. 粮食问题研究,
2007(1): 12 – 16.

[203]潘珍. 福建省粮食质量安全体系研究[D]. 福州：福建农林大
学, 2006.

[204]庞增安. 我国粮食安全的政府责任[J]. 湘潭大学学报(哲学社会科学
版), 2009(6): 46 – 50.

[205]齐艳梅, 田琳, 张涛, 等. 中高温储粮区粮堆表层害虫种类调查[J].
粮油食品科技, 2015(3): 110 – 112.

[206]钱克明. 我国年化肥使用量占世界的 35% 相当于美印总和[EB/OL].
[2015 – 03 – 09]. http：//news. sohu. com/20150309/n409544328. sht-
ml.

[207]乔兴旺. 中国粮食安全国内法保障研究[J]. 河北法学, 2008(1):
42 – 48.

[208]曲世敏. 食品安全的质量标准规制：理论与政策研究[D]. 大连：东
北财经大学, 2013.

[209]任重, 薛兴利. 基于计划行为理论的粮农质量安全行为实施意愿及其
影响因素分析[J]. 中国农业资源与区划, 2016(6): 133 – 138.

[210]尚杰, 刘宇会. 东北粮食主产区农产品质量安全保障的思考[J]. 东
北师大学报(哲学社会科学版), 2010(4): 45 – 48.

[211]邵海鹏. 真实的美国转基因现状：农民认为更环保[EB/OL]. [2015 –
09 – 22]. http：//news. sohu. com/20150922/n421766252. shtml.

[212]斯科特. 制度与组织——思想观念与物质利益 [M]. 姚伟, 王黎芳,

译. 北京：中国人民大学出版社，2010：70 - 71.

[213]宋梅. 危险的粮食和转型的农业[N]. 新民晚报，2014 - 8 - 15.

[214]宋敏，杨慧. 中国规制治理的制度性缺陷及其改革模式[J]. 中国矿
业大学学报(社会科学版)，2012，14(4)：59 - 64.

[215]苏杨. 中国粮食质量安全状况到底怎么样？[J]. 环境经济，2015
(Z4)：47.

[216]孙晶. 广州高端大米开始走俏销售翻倍 年轻人成消费主力[N]. 羊城
晚报，2015 - 9 - 6.

[217]韩肖. 评：粮食生产"量"增更要"质"优[EB/OL]. [2014 - 12 - 05].
http：//bgimg. ce. cn/cysc/sp/info/201412/05/t20141205_4055220. sht-
ml.

[218]孙小燕. 农产品质量安全问题的成因与治理——基于信息不对称视角
的研究[D]. 成都：西南财经大学，2008.

[219]孙晓娥. 深度访谈研究方法的实证论析[J]. 西安交通大学学报(社会
科学版)，2012(3)：101 - 106.

[220]唐明贵，刘善臣. 我国粮食质量安全的现状与对策[J]. 作物研究，
2009. 23(1)：7 - 10.

[221]唐渊. 责任决定一切[M]. 北京：清华大学出版社，2010.

[222]滕月. 我国消费者食品安全意识和行为研究[J]. 消费经济，2011(2)：
74 - 77.

[223]汪苏. 中国或再现陈化粮危机粮仓堆满高价粮[EB/OL]. [2015 - 04 -
13]. http：//finance. sina. com. cn/money/future/20150413/
100621941285. shtml.

[224]汪晓辉，史晋川. 标准规制、产品责任制与声誉——产品质量安全治
理研究综述[J]. 浙江社会科学，2015(5)：50 - 59 + 156 - 157.

[225]王保民，张峣. 粮食污染防治：制度审视与立法完善[J]. 中州学刊，
2013(5)：54 - 57.

[226]王观. 公主岭：玉米收购仍遭遇"地趴粮"[N]. 粮油市场报，2015 -

1 – 21.

[227]王国扣,王海.我国粮食加工业的现状与产业结构分析[J].粮油加工与食品机械,2004(10):9 – 11 + 15.

[228]王国敏,张宁.中国粮食安全三层次的逻辑递进研究[J].农村经济,2015(4):3 – 8.

[229]王海军.农村剩余劳动力就地转移与农村经济增长的实证分析[J].调研世界,2009(11):12 – 14.

[230]王剑锋,邓宏图.家庭联产承包责任制:绩效、影响与变迁机制辨析[J].探索与争鸣,2014(1):31 – 37.

[231]王晶磊,肖雅斌,徐威,等.粮库储粮害虫防治存在问题及前景展望[J].粮食与食品工业,2014(3):82 – 85.

[232]王良健,李辉.中国耕地利用效率及其影响因素的区域差异——基于281个市的面板数据与随机前沿生产函数方法[J].地理研究,2014(11):1995 – 2004.

[233]王林.食品谣言为何在朋友圈疯传[N].中国青年报(第6版),2016 – 6 – 18.

[234]谢佼.我国米面油产品抽检总体合格率稳定在95%以上[EB/OL].[2016 – 06 – 23].http://finance.china.com.cn/consume/hotnews/20160623/3780116.shtml.

[235]王盟.稻强米弱:加工企业如何"活"得不纠结[EB/OL].[2015 – 04 – 01].http://www.cofeed.com/rice/15041367536.html.

[236]王庆.市场与政府双重失灵:农产品质量安全问题的成因分析[J].生态经济,2011(11):127 – 129.

[237]王全宝.五常大米乱象调查[EB/OL].[2015 – 06 – 25].中国新闻周刊,http://news.sohu.com/20150625/n415598904.shtml.

[238]王森.滥用除草剂危害大[N].河南科技报,2014 – 8 – 13.

[239]王伟."质数水稻"种植新模式:零污染零农残[EB/OL].[2016 – 10 – 17].http://www.agrichem.cn/news/2016/10/17/201610179325686063.

shtml.

[240] 王晓明，王春雨. 大量玉米露天存放 东北粮储存坏粮隐患[N]. 经济参考报，2013-12-20.

[241] 王欣芳. 除草剂滥用调查——我们怎样"锄禾日当午"？[J]. 齐鲁周刊，2014(26)：11-12.

[242] 王彦. 保障我国粮食安全的目标体系及其治理机制[J]. 求实，2015(6)：49-55.

[243] 王燕.《2007年流通领域食品安全调查报告》发布[EB/OL].[2008-03-20]. http://news.foodmate.net/2008/03/107750.html.

[244] 王洋，余志刚. 供给侧结构性改革背景下的粮食加工产业链整合与优化——基于粮食主产区四省七县的实地调查[J]. 学习与探索，2016(3)：93-96.

[245] 王永钦，刘思远，杜巨澜. 信任品市场的竞争效应与传染效应：理论和基于中国食品行业的事件研究[J]. 经济研究，2014(2)：141-154.

[246] 王月华，何虎，潘晓华. 我国水稻育种技术发展历程回顾[J]. 江西农业学报，2012(2)：26-28.

[247] 王震，吴颖超，张娜娜，等. 我国粮食主产区农业水资源利用效率评价[J]. 水土保持通报，2015(2)：292-296.

[248] 王志振. 粮食生产质量亟待提高[J]. 中国粮食经济，2002(6)：38.

[249] 魏丹. 我国粮食生产资源要素优化配置研究[D]. 武汉：华中农业大学，2011：195.

[250] 魏君. 粮食物流模式研究[D]. 大连：大连海事大学，2012：69.

[251] 魏盼生. 霉变大米"摇身"变白变亮[EB/OL].[2012-07-04]. 央视网，http://news.cntv.cn/20120704/111853.shtml.

[252] 吴存荣. 粮食收储及物流运输环节存在的质量安全问题与对策[J]. 食品科学技术学报，2014，32(4)：11-14.

[253] 吴森，吴薇. 农产品质量安全管理中的政府行为逻辑[J]. 社会主义研究，2012(1)：67-70.

[254]吴婷."十连增"的欢喜与隐忧[J].湖南农业科学,2014(2):1-5.

[255]吴学安.防止粮食过度加工[N].经济日报(第13版),2014-7-18.

[256]武权,刘庆芬,张晓东,等.我国食品中放射性核素含量与限制标准[J].癌变·畸变·突变,2012,24(6):470-473.

[257]夏明伟,朱道立,张钦红.浅析我国粮食物流系统中的粮食质量安全问题[J].中国粮食经济,2013(10):58-59.

[258]肖欣.联合国世界粮食计划署:营养与食品安全密不可分[EB/OL].[2013-11-30].http://roll.sohu.com/20131130/n391061580.shtml.

[259]肖兴志,胡艳芳.中国食品安全监管的激励机制分析[J].中南财经政法大学学报,2010(1):35-39.

[260]谢瑞红,王顺喜,谢建新,等.超微粉碎技术的应用现状与发展趋势[J].中国粉体技术,2009(3):64-67.

[261]辛贤,毛学峰,罗万纯.中国农民素质评价及区域差异[J].中国农村经济,2005(9):4-9+55.

[262]许权胜.化解地方债需调整分税制结构[EB/OL].[2016-11-21].http://finance.sina.com.cn/zl/china/2016-11-21/zl-ifxxwrwk1549136.shtml.

[263]许莹莹.五常大米掺假乱象 市面上90%五常大米都是假的[EB/OL].[2015-06-25].http://news.sohu.com/20150625/n415598904.shtml.

[264]薛亮.当前农业创新发展的几个问题[J].农业经济问题,2016(5):4-7.

[265]严瑞珍,程漱兰.经济全球化与中国粮食问题[M].北京:中国人民大学出版社,2001.

[266]杨朝晖.粮食铁路散运之供给侧结构性改革[J].现代食品,2016(10):21-26.

[267]杨合岭,王彩霞.食品安全事故频发的成因及对策[J].统计与决策,2010(4):74-77.

ਸfil

[268]杨建利,雷永阔. 我国粮食安全评价指标体系的建构、测度及政策建议[J]. 农村经济,2014(5):23-27.

[269]杨炫. 食品质量信号对消费者购买决策的影响[D]. 成都:西南财经大学,2014.

[270]杨益军. 预计2015年农药使用量近190万吨[EB/OL]. [2015-08-10]. http://www.agrochemnet.cn/info/detail-20150810-60314.html.

[271]杨志强,何立胜. 自我规制理论研究评介[J]. 外国经济与管理,2007(8):16-23.

[272]杨子刚,宁艳波,王明东. 农产品加工企业质量安全生产行为分析——基于吉林省42个农产品加工企业的调查[J]. 农产品质量与安全,2013(4):60-62.

[273]姚惠源. 中国粮食加工科技与产业的发展现状与趋势[J]. 中国农业科学,2015(17):3541-3546.

[274]一县一优. 大米可不是越精细越好[EB/OL]. [2017-01-13]. http://www.sohu.com/a/124209195_473571.

[275]叶浩,濮励杰. 我国耕地利用效率的区域差异及其收敛性研究[J]. 自然资源学报,2011(9):1467-1474.

[276]尹业章. 粮食四散技术的优缺点及发展方向[J]. 现代食品,2016(3):14-16.

[277]尹振东. 垂直管理与属地管理:行政管理体制的选择[J]. 经济研究,2011(4):41-54.

[278]于大伟. 我国转基因种子市场规制法律问题研究[D]. 武汉:华中农业大学,2010.

[279]于勇,潘芳,苏光明,等. 超高压技术在粮食产品加工中的应用[J]. 农业机械学报,2015(10):247-256+297.

[280]余翔,李娜. 中国转基因粮食作物安全认证的法律与公信力争议初探[J]. 科技与经济,2016(4):46-50.

[281]曾晓昀. 粮食质量安全:中国《粮食法》安全价值之实现[J]. 学术论

坛,2016(6):79-83.

[282]曾艳,陈通,吕凯.GI农产品品牌建设中"搭便车"问题研究——基于俱乐部产品视角[J].天津大学学报(社会科学版),2014,16(4):380-384.

[283]张铎.加快打造农产品国家追溯管理平台[EB/OL].[2016-09-10].http://www.sohu.com/a/114076998_155403.

[284]张丰,张雅杰.家庭联产承包责任制的经济分析和发展研究[J].安徽农业科学,2008(11):4734-4736+4752.

[285]张宏宇,武传欣,姜自德,等.鲁南地区粮库主要储粮害虫种类调查研究[J].齐鲁粮食,2016(4):42-44.

[286]张立英.对绿色革命的反思[J].粮食科技与经济,2009,34(5):9-12.

[287]张义博.外向型农产品价格波动特征及其影响因素研究[J].财经问题研究,2016(1):108-115.

[288]张颖伦.从信息不对称理论看食品行业的政府质量规制[J].电子科技大学学报(社会科学版),2011(5):15-23.

[289]张肇中.我国食品安全规制效果评价及规制体制重构研究[D].济南:山东大学,2014.

[290]张志栋.中国玉米深加工产业发展现状、问题及对策[J].黑龙江粮食,2015(7):19-21.

[291]赵复强.农业资本投入不足问题及对策探讨[J].乐山师范学院学报,2005(8):109-111.

[292]赵桂玲.粮食霉变的预防和处理[J].科技创新与应用,2011(23):204-204.

[293]赵海霞,段学军,Stewart B,等.城市化与河流水污染的空间关联性研究——以太湖流域重污染区为例(英文)[J].Journal of Geographical Sciences,2013(4):735-752.

[294]佚名.2016年大米行业现状分析:国内米市"怪现象"让人看不懂

[EB/OL].[2016 - 01 - 13].中国报告大厅,http://www.chinabgao.com/k/dami/21809.html.

[295]钟甫宁,向晶.我国农村人口年龄结构的地区比较及政策涵义——基于江苏、安徽、河南、湖南和四川的调查[J].现代经济探讨,2013 (3):5 - 10.

[296]钟刚.农村家庭食品销售的特殊法律规则思考——以《食品安全法》第29条为起点[J].社会科学,2013(3):88 - 97.

[297]钟昱,亢霞.多维度视角下我国粮食运输的结构分析[J].中国流通经济,2016(8):14 - 21.

[298]周雷.我国粮食安全的经济学分析:政府行为与政策选择[D].长春:吉林大学,2009:45.

[299]周雷雨.食品质量模糊综合评价体系设计和应用[D].西安:陕西科技大学,2016.

[300]周攀,颜永容.政府责任的内涵及其实现[J].人民论坛(中旬刊),2010(14):78 - 80.

[301]周素雅.专家:优质小麦产能不足 扩大优种植面积比例十分迫切[EB/OL].[2015 - 06 - 11].人民网,http://finance.people.com.cn/n/2015/0611/c70846 - 27139195.html.

[302]周玉庭,任佳丽,张紫莺.粮食中霉菌污染检测方法现状及发展趋势[J].食品安全质量检测学报,2016(1):244 - 250.

[303]周渊冰,赵毓仙.2001—2005年某铁路管区粮食运输污染分析[J].预防医学情报杂志,2006,22(6):735 - 736.

[304]朱光宇,史俊玲.我国散粮运输的特点及提高运输效率的对策[J].综合运输,2009(9):35 - 39.

[305]朱明,王海.农产品加工产业聚集与小城镇建设[J].农业工程学报,2006(2):180 - 184.

[306]朱明,沈瑾,孙洁,等.中国农产品产地加工产业布局分析及发展对策[J].农业工程学报,2012(1):1 - 6.

[307]朱晓峰. 论我国的农业安全[J]. 经济学家, 2002 (1)：25 - 30.

[308]朱颖. 我国粮食生产组织形式创新研究[D]. 成都：西南财经大学, 2012.

[309]庄文伟. 注意查看保质期 陈米尽量不要吃 [EB/OL]. [2014 - 06 - 23]. http：//www. dqdaily. com/jizhe/ 2014 - 06/23/content _ 2115520. htm.

[310]卓悦佳. 买了散装大米 不知产地在哪[N]. 厦门日报, 2013 - 5 - 5.

[311]邹凤羽. 国家粮食产业政策和法律法规体系建设初探[J]. 河南工业大学学报(社会科学版), 2007, 3(3)：5 - 8.

图书在版编目（CIP）数据

中国粮食质量安全研究／朱湖英著. —长沙：中
南大学出版社，2019.11
ISBN 978－7－5487－3827－5

Ⅰ.①中… Ⅱ.①朱… Ⅲ.①粮食－质量管理－安全
管理－研究－中国 Ⅳ.①F326.11

中国版本图书馆 CIP 数据核字（2019）第 256947 号

中国粮食质量安全研究
ZHONGGUO LIANGSHI ZHILIANG ANQUAN YANJIU

朱湖英 著

□责任编辑	汪采知	
□责任印制	易红卫	
□出版发行	中南大学出版社	
	社址：长沙市麓山南路	邮编：410083
	发行科电话：0731－88876770	传真：0731－88710482
□印　　装	长沙理工大印刷厂	

□开　　本	880 mm×1230 mm 1/32	□印张 7　□字数 186 千字
□版　　次	2019 年 11 月第 1 版	□2019 年 11 月第 1 次印刷
□书　　号	ISBN 978－7－5487－3827－5	
□定　　价	42.00 元	